つれづれ通信

秋山泰雅

東洋出版

つれづれ通信

目次

つれづれ通信

第一信

仏様の戒《いまし》め

十二月八日は仏陀釈尊がお悟りを開かれた日です。

その仏様は、私たち人間をどのように見ておられたのでしょうか。

人生のなやみや苦しみから抜け出る能力（仏性）を生まれながらに持っているのに、そのことに気づかず、そのため真実の幸福を得られずに、一生を空しく終える人々の多いことを、大変に悲しく思われました。

それはなぜでしょうか。

仏様は名門の子息として生まれて栄華な生活を一時送りましたが、仏様の活眼より見ると、それはひと時の快楽にすぎず、むしろ苦しみのもととなると悟られ、出家されました。初めから聖者であったわけではないので、善悪苦楽の無常な俗世に沈淪《ちんりん》する人間界への理解と同情を惜しまれなかったのです。そして、それが仏様の「慈悲」と言われるもので、「慈」はいつくしむ、「悲」は他人の苦しみへの共感ですが、この二つは子に対する親心です。

それゆえ、次のごとく説かれます。

「この世界の人々は皆吾子《わがこ》であり、難儀の多いこの世で真の救護のできるのは我一人のみである。」（『法華経譬諭品』）と。

さて、仏様は私たちに仏性をお認め下さったので、仏子として救護下さるのですから、次に述べる十箇条の戒め（十善戒）を守って仏性を汚さないようにせねばなりません。

（一）生物《いきもの》を殺さない。
（二）盗みをしない。
（三）姦婬《かんいん》をしない。
（四）嘘言《きょげん》を言わない。
（五）二枚舌を使わない。
（六）悪罵《あくば》しない。
（七）駄言を言わない。
（八）貪《むさぼ》らない。
（九）怒らない。
（十）邪見にふけらない。

第一戒の不殺生戒は、人間のみでなく、すべての生きものまでも殺すなかれとされている点に、大きな慈悲が感じられます。

しかし私たちは、生きてゆくためにいろいろな生きものを殺したり食べたりしているので、この仏戒に背《そむ》いているわけです。

昔の日本人は魚を食べても四つ足の牛や豚は食べませんでしたが、今は両方食べます。

食料としての植物も生きものです。

仏教に原罪という言葉が許されるとするならば、この仏戒を守りきれないことは人間の原罪ではないでしょうか。

それゆえ、私たちが食前に手を合わせて「頂きます」と申しますのは、感謝と同時に懺悔《ざんげ》の気持ちにほかならないと思えるのです。

第二戒から七戒までは、物または心の面で人を傷つけることへの戒めですから、拡張的に理解すれば殺生戒と同一線上にあるわけです。英語の辞書に、「kill

（殺す）」という言葉が、「人の希望や愛情を消し、こわす」という意味を表す時にも用いられるとありましたが、意味深長です。

さて、八、九、十の三戒はそれぞれ、貪《どん》、瞋《じん》、痴《ち》という仏道を妨げる三つの毒への戒めであって、人間の煩悩《ぼんのう》の代表格です。この三毒を消してしまうことができれば、前七戒を守ることに大きな力となるでしょう。

現在は末世的現象に満ちています。仏様の戒めを声を大にして叫ぶと同時に、自らも実行して、世直しの一助になろうと願うばかりの心境です。

第二信

もったいない、とは

もったいとは勿体と書きます。

勿は非《あら》ず、ない、という否定の言葉です。

体とはこの世に存在するあらゆる物《もの》のことです。

そこで勿体とは、物の実体は人々が考えているように、個々に他と無関係に、完全に独立した存在ではないと否定した言葉なのです。

この考えを、仏教では「諸法無我」と言います。諸法とはすべての存在するモノです。そして「無我」とは、ただ「我《が》（独立した中心）がない」というだけでなく、他のすべてのモノとの関係により創造され存続するということなのです。

一片のパンは値段はわずかなものですが、できあがるまでには、いかに多くの大自然や人力が関係し加えられていることでしょう。

ですから勿体の意味を理解すれば、人はモノの見方を変えて、その実体の隠れた無限大とも言える価値に気がつくのです。

モノを粗末にするならば、勿体の意味を知らずに否定する結果になるので、勿体に非ず、勿体ないということになるわけです。

さて今日では、スピード、効率、便利等が重要視されていますが、大切な人間の安全が軽視されることはないでしょうか。人間の生命の勿体ないことを第一に考えることが、今もっとも大切であると思います。

第三信

靖国参拝について

この件については、二〇〇四年（平成一六年）四月の福岡地裁の下した違憲であるとの判決（大阪高裁も同じ判決）が重要視される必要があります。

これらは下級審で最終判決ではないからといって軽視する人々がいますが、問題はその判決の内容そのものが正当か否かということであって、判断の先送りをするようなことは、責任感のある政治家ならば決してせぬことではないでしょうか。

福岡地裁の判決では、今後このような違憲行為が繰り返されないために、この判決を下したとさえ述べています。

上の者が司法の権威を尊重する態度を示してこそ、一般国民も法律を守る気持ちになれましょう。

さて、私も戦争中、一兵士として軍務に就きましたが、この戦争の目的としては、東洋平和とアジア共栄圏の建設であると、上官より何回も説明されました。そして戦意高揚のため、「東洋平和のためならば何で生命《いのち》が惜《お》しかろう」と歌わされました。

そして、この歌の通り戦場に散ってゆき、靖国神社に祭られた多くの英霊は、今一番何を訴えられているでしょうか。

「私たちの死を決して無駄にしないでほしい。『東洋平和・アジア共栄圏』を空手形にしないでほしい」

ということではないでしょうか。
靖国参拝が日本とアジア三国との融和《ゆうわ》を妨害し、共栄どころでない現状を、英霊はどう思っているか、考えたことがあるのでしょうか。
「さような物の言い方は、もはや聞き倦《あ》きましたぞ。どうやらご家老は、死んで行く者のお気持ちを推しはかれぬお方らしい。」(『蟬しぐれ』藤沢周平　文藝春秋)
英霊の遺志を理解し、尊重し、その実現に努力せずに真の慰霊は有り得ない、と私は信じています。

第四信

危機

安倍元総理が率いた自民党が参議院選挙で大敗し、大ショックを受けた安倍さんが、辞任するか、続投するか、ひどく悩んでいた時、自民党の先輩の某氏が次のように続投するよう激励しました。

「確かに自民党は今極めて厳しい危機に直面している。しかし、貴方の祖父の岸元総理も、安保反対の大デモで大変な危機に直面したけれど、毅然《きぜん》として対処し切り抜けたのです。貴方もこの危機に怯《ひる》むことなく頑張ってはいかがですか」と。

祖父を常々誇りにしていた安倍さんは、この言葉に勇気づけられたのでしょうか、続投を決意し、内閣を改造して再起を図りました。

しかし、結局は危機の重圧に心身共に堪えきれず、総辞職に追い込まれました。しかも安倍さんの総理としての施政方針演説に対する議員からの質問を受ける直前になって、突然辞任を表明するという極めて重大な責任逃避行動を、あえて行ってしまいました。これは安倍さんにとっては、まことに断腸の思いの不本意な結果であったことでしょう。

考えてみれば、参議院選の時、安倍を取るか、小沢を取るかとまで叫んで、両党の対決をアピールした結果の大敗であるばかりでなく、任命責任を問われた再三の閣内の不祥事を考慮すれば、やはり続投を断念すべきところであったでしょう。

全学連の学生と左派政党員の一部が起こした安保危機と、国民多数の意思による自民党の大敗の危機とを同一レベルに見積もって、続投を勧めた先輩が、安倍さんの進退を誤らせ、結局のところ有為な政治家として将来再チャレンジできる芽をつぶしかねない、と私には思えて仕方がないのです。

さて、このような一連の政治現象を眺めてみると、政治家のモラルや、選挙民である国民に対する責任意識が乏しくて、政治家のための政治、政党のための政治という感じであって、「人民の、人民のための、人民による政治」とは大分ずれているように思われます。

「日本は政権や首相の交替よりも、腐敗した派閥政治など、まず政治文化を変えていかなければ、国際社会での地位は徐々に低下し、影響力を失うことになる」というような外国メディアの批判にどう応えるのでしょうか。

そして、大臣の下にまた多くの副大臣をつくってご満悦な政治家諸公を見ると、昔、国家の統治権を補佐しつつ、臣民の上に立って政治を指揮監督した旧憲法下の「大臣」への郷愁が、そこはかとなく感じ取れてくるのです。

安倍さんの「戦後レジームからの脱却」発言や、真の理解も体得も欠いたままの憲法の改変志向なども、その具体的な表れなのでしょう。

ところで、イギリスやアメリカはもちろん、インド、中国、ロシアにしても、ある程度は、国民の下からの独立または革命運動によって、現在の発展段階に至っていますが、日本は開国も、新憲法による国家再建も、国民の下からの自主的欲求による革命運動によって達成されたものではありません。

したがって、「押しつけられた憲法」というような発言が、保守主義者から出てきます。そこで身体に合わない洋服を着せられたので仕立て直しをしようというわけでしょうが、実は身体の方を改良して服に合わせねばならないことが理解されていないところに、日本の真の危機が潜在しているのだと思われます。なぜならば、「人類普遍の原理」としての平和的民主主義のデザインは、もう変えることは不可能だからです。

第五信

外国語について

外国語といっても、カタカナ語のことですが、国会の質疑応答で、議員と大臣の発言した言葉の中に英語があまりにも多く使われていたのに驚いてしまいました。

わずか三十分ほどの間に使われたのが次の通りです。

「キャリア・アップ」「シフト」「フラット」「リノベーション」「ラッシュ」「チ

ャレンジ」

安倍元総理が外国語好き？だったのが影響したのかも分かりませんが、その程度が過ぎると思いました。全部分かる人は視聴者の何割でしょうか。

テレビやラジオの国会中継で、一般国民も見たり聴いたりしているのですから、日本語で言えることはできるだけ日本語を使ってもらいたいと思います。それが、政治家の説明責任の在り方ですし、国民の政治に対する関心と理解に資することになるでしょう。

カタカナ外国語を話したがる理由は何でしょうか。多分「教養」のあるところを誇示したい気持ちかも知れませんが、決して品格を感じさせはしません。若い人ならばともかく、中高年の人には似合わないと思いますが、どうでしょうか。

そこで思うのですが、近頃はメディアで聞く日本語が随分早口になり、またそれだけでなく、若い女性の話し方が早い上にぞんざいになったと思います。たまに上品な中年の女性のゆったりとして、しかも歯切れの良い話しぶりを聞くと、ああ日本語は美しいなと思うのです。

では、私は英語は嫌いなのかと言えば、その反対です。中学の英語の先生の教え方が上手《じょうず》であったからか、好きになり、成績も良かったのです。私の主張したいのは、日本語は日本語、英語は英語、とはっきりさせることです。

日本語を外国語とチャンポンに話されると、どうも植民地臭くて不愉快なのです。最近、『一度も植民地になったことがない日本』（デュラン れい子 講談社）という本が出ましたが、一度は文明で遅れても文化では然《しか》らずの日本という思いを持っていたいものです。

第六信

宗門の憲法勉強会

先日、左記のテーマで「布教講習会」が開かれました。

「立正安国の現在、憲法を考える」

このテーマの前段の意味が少し分かりにくいのですが、要するに立正安国を維持または実現するためには、憲法はいかにあるべきか、を考えるという意味でしょう。

講師陣は、

（一）なぜ改憲か　　衆議院議員　Ｏ先生
（二）なぜ護憲か　　大学教授　Ｎ先生
（三）日蓮思想より憲法を考える　　宗会議員　Ｔ師

時節柄参加者が多く、質疑応答もあり盛会でした。特に改憲派のＯ先生より、改憲の部分の草案を配布してもらいましたが、資料として役立つと思います。

さて、改憲の主な主張の中に、押しつけられた憲法だから、というのがあります。

護憲のＯ先生は、制定の時、日本側の意見も受け入れられたことを説明されていました。

そもそも押しつけるとは、相手の意思に反してあることを強制することですが、日本はその自由意思で戦争に訴えて敗北し、その結果としてポツダム宣言を受諾し、君主国家を民主国家に改革する新憲法を制定したわけです。

当時は、国家間の紛争の解決のためには戦争に訴えることが、国際法上も認められていたのですから、力ずくで敗北したからには、相手の要求を受け入れる義務が生ずるわけです。言い換えれば、自分の意思で戦争という裁判（裁判長は軍神）に訴えたのですから、その判決は承諾せねばなりません。

もし不服ならば、負けるような裁判に大きな犠牲を払って訴えなければよかったのです。今こそ押しつけというような皮相な見方を、その内容の実質的な考究へと転換すべき時ではないでしょうか。

人間の尊厳的価値を規定しているその一点だけでも、私はこの憲法に深い敬重の念を覚えずにはいられません。

現憲法の平和理念は、右の源流から発して仏教を含む日本の諸文化の流れと合流し、形成された規範であるからこそ、尊重せねばなりません。

さて、第九十九条は憲法尊重擁護の義務を定めていますが、従来の違憲を訴える裁判では、最高裁までも憲法判断を避ける傾向が見られるので、違憲を専門に審査し判決を下す憲法裁判所の設置を、加憲として主張したいと思います。

憲法裁判所は、近い所では韓国を始め諸国で設けられているのです。

ところで、国家の要素は領土・国民・主権（政権）の三つです。戦前の国家主義は、領土と政権が重要視されて、その拡張志向が軍国主義となっていきました。

日蓮上人の説かれた立正安国論もその頃の国家主義を肯定しているように解釈されたことがありましたが、実は、国家の最重要の要素は人間の集団としての国民でした。

「国亡《ほろ》び人滅せば仏を誰か崇《あが》むべき。法を誰か信ずべきや」とある通りです。

そして、真理としての正しい法を尊重し実行（立正）してこそ、国民を守り、全体としての国家を発展させることができるとされたのです。現在、単なる経済力や武力信仰が実に大きな悲劇的結果を生んでいることを見過ごしてはならないと思います。

改憲草案の第九条の二に、「我が国の平和と独立並びに国及び国民の安全を確保するため……自衛軍を保持する。」とありますが、国民とは別な、国の安全とは何の意味でしょうか？　国家主義へのリターンでなければ幸いです。


〈北朝鮮のミサイル発射のニュースを聞いて〉

十九世紀のドイツの戦略家クラウゼヴィッツは、「戦争は他の手段による政治の延長である」と言いましたが、二十一世紀の現在では、賢明な外交こそ別の手段による防衛の延長であると知らなければなりません。

第七信

ラチがあかない拉《ら》致《ち》問題

すでに長い年月が過ぎたのに、この問題は解決せず、被害者の家族の人々はほんとうに切ない気持ちでしょう。

初めは、拉致それ自体が事実かどうか不明だったので、対策が遅れてしまったのでしょうが、海沿いの住民が次々と行方不明になったのに、なぜ海岸線を警戒しなかったのかと思います。

国境が地続きの欧州では国境警備隊が常時パトロールしています。日本の海上巡視船は大型ですが、数も少なく海岸地帯までは眼が届かないでしょう。

さて、一応話がついて帰国した五人の人々は、二週間ぐらいで北朝鮮に戻るということになっていたのに、戻らなかったことは、私は良くなかったと思っています。

あの独裁者のヒトラーも、スターリンも、交渉相手の国に対して、こちらが悪かったと言うようなことはなかったと思います。

ですから金正日《キムジョンイル》が、「責任者は処罰された。遺憾なことを率直にお詫《わ》びしたい」と小泉総理に対して謝罪したことは、彼としては相当な譲歩であったのです。総理の訪朝はこの時点において、日朝国交改善に着実な一歩を踏み出したと言えるのでした。

ところが、「北朝鮮は自らの非を認めた以上、拉致被害者の子供らは無条件で帰すのが筋である」というようなマスコミや同情的世論、またそれらを考慮した政府当局者の容認を受けた結果、五人は北朝鮮に戻りませんでした。

北朝鮮側は、「約束通り北朝鮮に戻り家族と話し合うべきだ」と主張したため、せっかく小泉総理の訪朝が問題解決の糸口となりつつあった外交上の成功は、結局無駄になってしまったのです。

外交では硬軟両方の使い分けが必要であるのに、この政府当局者の処置は、相手の立場を考えてやらない一方的な態度で、成熟した大人の処置とは考えられません。

さて、仮に私でしたら、子供を北朝鮮に残したままで、自分だけが日本にとどまる気にはなれないでしょう。但し、実際に自分がその立場におかれたら、明言はできませんが。

思うに約束通り一応北朝鮮に戻った上で、次は子供と一緒に帰すよう外交交渉したならば、成功した可能性が大きかったのではないでしょうか。北朝鮮も日本との関係改善を、特に経済面で内心は希望していると思いますので。

ところで、本問題解決のための特別委員会とかが内閣にできたそうですが、どのように活動しているのか私には不明です。

また「対話と圧力」といっても、圧力は目立つけれど対話が進まないのは、「主張する外交」の上に「自主的」の三字が見えないからと思います。と申しますのも、小泉訪朝で日朝関係改善の曉光が見えてきた時に、故意か偶然か不明ながら、アメリカ筋から北朝鮮の核開発の情報が入り、マスコミも大きく取り上げたところ、改善の動きは急にストップした感がありました。

一つの外交上の構想を立てて実行に着手したからには貫徹すべきであったのです。

明言すれば、せっかくの対話路線を、安易に変更すべきではなかったと痛感します。

「好悪のどちらにしても、一辺倒の感情を一国に対して抱くべきではない」と元駐ソ連大使の新関欽哉氏が述べています（『昭和史　忘れ得ぬ証言者たち』保阪正康　講談社）が、難しい対北朝鮮外交処理の上でも名言ではないでしょうか。

第八信

テロとの戦いについて

　第一に考えることは、現在アフガニスタンで行われている戦闘状態は、特に、「正義のための戦争」ではなく、単なる国際紛争であるという認識が必要なことです。

　言い換えれば「国際貢献」という言葉が直ちに、いかなる場合でも、国際正当性に合致するとは思われないからです。

テロの張本人とされるアルカイダ一味が、タリバンに保護され行動していたことは事実で、現在（二〇一〇年三月）はアフガニスタンとの国境に至近のパキスタンの山岳地帯に潜《ひそ》んでいると報道されていますが、なぜアメリカ軍及び支援の各部隊は、そのテロの本拠地を攻撃し全滅させないのでしょうか。

パキスタン領内での作戦行動ができない事情があるのならば、パキスタン政府を介して何らかの交渉のテーブルに着かせる方策はとれないのでしょうか（最近のニュースは、パキスタンの大統領が領内にアメリカ軍が入るのを拒否したと報じました）。

私は昔の軍隊の体験者ですが、演習の時、小隊長はこんな風に命令を下しました。

「目標、前方の丘の上の敵、距離八百、各個に撃て！」

小戦闘でも目標が明確でなければ戦果は望めないでしょう。

「世界中のどこでも起こり得るテロに対処する」というのであれば、たとえて言えば、飛び回るスズメバチたちをあちらこちらで追い回すよりも、一挙に巣を叩《たた》きつぶした方が良いに決まっています。

その上「テロとの戦い」がダラダラと長期にわたったので、中東の各地方のテロ支援の武装勢力が影響を及ぼしつつあり、一度弱体化したと思われたタリバンが再び盛り返したのは、その援助を受けたためでしょう。

さて、アルカイダの巣と言いましたが、「アルカイダという組織を標的ととらえる現在の国際テロリズム対策は、根本的な困難を抱えている」との指摘があります。それは、中東問題の専門家池内恵《さとし》教授が毎日新聞紙上で大体次のように説明されたことなのです。

「アルカイダとは指揮命令系統を強固に確立して機能している組織ではなく、独自のイデオロギーの説得力によって動員しているわけでもない。

既存のイスラムの信仰に依り、世界中の信者に内側から訴えかけ、それらの一定の割合からの自発的な呼応《こおう》を誘い、他の信者の黙認を得るというのがその組織が機能するメカニズムである。呼応による協力や結集を断ち切る作戦は容易ではない。ミサイル攻撃は逆効果であろう」

そして、「征服され独立を失った『奴隷の平和』は認めない、とする観念がその宗教の根幹にある」と言います。それゆえテロとの戦いのリーダーたちが、「神と共にある」と本気で信じて作戦行動をしているのであれば、これはもう宗教戦争の色彩濃厚と言っても過言ではありません。

アメリカの大統領が「十字軍」、と口を滑らし、「永く続く」と表明したのも宜《むべ》なるかなです。

さて、この辺でテロ特措法の本題に入ると、政府は、海上自衛隊の給油活動が憲法違反でないとする理由として、

（一）武力行使ではない。

（二）非戦闘地域での後方支援である。

の二点を指摘しています。

（一）について考えると、確かに直接の武力行使ではないけれど、給油することによって武力行使を助けていることは否定できません。

昔の軍隊に輜重兵《しちょうへい》という兵種があり、戦争に必要な軍需品を戦場に供給する役目を果たしましたが、その中にはもちろん糧秣《りょうまつ》（食糧とまぐさ）も含まれます。昔のまぐさは現在の油に相当します。

第二次世界大戦でドイツがレニングラードまで進攻しながら、戦車の油が凍結して動かず、遂に敗退した歴史的な事実がありますが、近代戦争では軍需品の補給が戦争といかに密接に関係しているかを知らなければなりません。

確かに油を補給することは武力行使そのものではありませんが、準武力行使または間接武力行使と言っても過言ではありません。

（二）について言えば、非戦闘地域であっても、準戦闘行動をしているのでは違憲に非ずの理由にはなりません。

憲法第九条の前段には、「日本国民は、正義と秩序を基調とする国際平和を誠実に希求し、……武力による威嚇……は、……永久にこれを放棄する」とあります。武力の行使をせずとも、それによる威嚇さえもノーと言っているほどですから、准武力行使である給油が憲法上許されないことは明白ではないでしょうか。

二〇〇八年（平成二〇年）四月、イラクにおける航空自衛隊による空輸活動が、名古屋高裁にて違憲と判定されたことは当然と言えましょう。


さて、それでは現在の中東においての戦乱と治安の悪化による、生命の恐怖と欠乏に苦しむ住民たちに対し、いかなる救済策があるのでしょうか。

前述したように武力抗争の基盤に宗教的対立があることを認めなければなりません。養老孟司氏によれば、いわゆる原理主義とは、「なにかを絶対視すること、そのなにかをテコにしてすべてを動かそうとすること」（「毎日新聞」）であるとし、さらにイスラム原理主義をキリスト教のファンダメンタリズムに対比して説明されていますが、両方とも絶対主義ですから宥和《ゆうわ》の余地は残されてはいません。両者に共通していることは、敵味方に関係なく、その主張を貫徹するための「聖戦」であるならば、生命を犠牲にすることをいとわないことです。一方はそれによって天国が約束され、他方は三千人の生命の代価として、その数十倍を支払わせても矛盾としないのです。

ところで国際法上、正当防衛としての自衛権は認められますが、過剰防衛は違法です。しかしそれこそがアフガンでは反動としてのテロ活動の拡大を生じさせています。しかも武力行使の目標が間違っているのに気がつかず、人的、物的の消耗戦を行っているのが現状ではないでしょうか。

この消耗戦はいつまで続くのでしょうか。イスラエルとパレスチナとの闘争の今日までの経過を参考として考えれば、対テロ戦争の行く末は容易に予見できます。まず半永久的に続くでしょう。信仰の絶対主義を修正するか、あるいは温暖化が激化して、中東はもちろん、世界全体が存亡の危機に陥るまでは続くのでしょう。

天地の実相としての仏法の下に、寛容による共存共栄を説く仏陀の智慧に学び、行動する以外、この危機を脱する道はないと確信せざるを得ないのです。

具体的に言うならば、アヒンサー（不殺生）の理念の下に非暴力運動を展開して成功したガンディーを範として、まず東アジアにおいて、友好的連合の実現に努め、次第に他の地域に拡大してゆく、このような方向に日本が、外交的、経済的、文化的な努力を注いでこそ、真の国際貢献であり、国際社会において高い名挙ある地位を得る道であると思います。

第九信

選挙寸評

小泉政権の圧倒的勝利の結果をもたらした、あの衆議院の選挙は、国民が大きな関心を持つべきでしたが、投票率は相変わらずの低さでした。

憲法第十二条には、「この憲法が国民に保障する自由及び権利は、国民の不断の努力によつて、これを保持しなければならない。」とあります。

投票は主権をもっている国民が政治に参加する大切な機会であるのに、その権利を自ら捨てることは、憲法の定める国民の義務に背く行為となります。

しかし投票しなかった人々は、このような義務を知ることなく、個人の自由だくらいに思っている人が大多数なのでしょう。

オーストラリア、ブラジル、インドネシアなどでは、投票しない人には罰金が課せられますが、日本でもそうしないと投票率は上がらないのでしょうか。

一部の政治家は憲法九条の改正または改悪をよく言うけれど、九条だけが憲法ではないのであって、十二条のような重要な条文を国民に周知徹底するようにしないのは怠慢と言うほかはありません。

ところで、選挙の投票日を必ず日曜日にしていることが当たり前のようになっていますが、考えてみると可笑《おか》しいのです。つまり日曜大工、日曜園芸、日曜○○などと発想が同じで、言ってみれば片手間にやる仕事にすぎないという意識が行政側にあると言えないでしょうか。

憲法学者の芦部信喜氏は、「選挙権は参政権の行使という意味で権利であることは疑いないが、公務員という国家の機関を選定する権利であり、純粋な個人権とは違った側面をもっているので、そこに公務としての性格が付加されていると解するのが妥当である。」としています（『憲法』岩波書店　傍点筆者）。

ですから、公務としての性格をもつ選挙権の行使の日を必ず日曜にあてるということは、行政自らが選挙の真の意味の認識不足で、片手間仕事扱いでは、結局国民の大切な権利を尊重していないということになります。

現在では、一般に週休二日制となっていますが、なかなか休みをとれない業態の人々も少なくないので、貴重な日曜日に疲れた身体を投票場に運びたくなくなっても、一概に責められないでしょう。

政治学者の岡沢憲芙早稲田大学社会科学部・社会科学総合学術院教授によれば、スウェーデンの投票率は過去三十年間（一九九五年現在）、八十五パーセントを下回ったことはなく、「日本では国民が行政の都合に合わせるが、この国では行政が国民に合わせる」そうです。たとえば投票日の二十四日前から好きな郵便局で投票ができるとのこと。日本では、そのような投票し易い制度づくりを公約にする政党もなく、また要求する有権者もいないことは淋しく思います。

第十信

明快な討論をしてほしい

国会中継を聴いていると、質問者が相手に、貴方の答弁は私の質問に答えていない、と不満を述べる場面によく出会います。

この場合、答弁者は質問者の質問内容に直接答えるのを避けているか、あるいは質問内容自体がよく理解できず、的外れの答弁をしているかのどちらかでしょう。

私は後者の場合が多いように思いますが、また、質問自体が意味不明瞭な場合ももちろんあるでしょう。

どちらにしても、「言語明瞭意味不明」では討論は盛り上がらず、せっかくの中継放送も視聴率が心配になります。

その心配を増大させる現象が、あの猛烈な野次の怒声ですね。「静粛《せいしゅく》に」の声も空しく消えるのみ。一体、この議員さんたちは、国民の大勢が現場に立ち会っているのも同様であることを、全然意識していないように見えるのは不思議千万《せんばん》です。自分の選挙区の支持者だけしか頭にないような議員さんたちは早く成人して、と思いたくなります。言論の自由を蔑《ないがし》ろにするチルドレンですから、およそ一つの問題について議論する時、大切なことは、まず自分の意見を明瞭に相手に理解させること、次に相手の意見を充分に聞いてよく理解することから学ばねばなりません。当たり前のことですが、これらの条件を欠くと議論は不毛に終わります。

「私は貴方の意見には反対である。しかし貴方が意見を発表する自由は、私は生命を賭《か》けても守る」

これは十九世紀のフランスの啓蒙思想家、ヴォルテールの名言ですが、日本のいかなる議場でも掲げて範としたいものです。

テレビにも討論番組のようなものがありますが、一人が意見を述べている最中に反対意見が大声で飛び出し、それが可笑しいと大勢の笑い声が起き、さらに、あちらこちらから賛成や反対の大声が渦巻き、大騒ぎとなります。

こんな風でも案外に人気のある番組であるとのこと、それで中止にもならず続いているのでしょう。やはり正しい結論はどうなのかという関心の足りない人たちが、興味本位で見ているのだと思います。

日本人が、「言論の自由」や、流れるような討論の素晴らしさに不感症気味なのは、日本語が論理的発言に適当でないからとの説があります。

なるほど主語がなくても分かる、関係代名詞らしきものはないなど、一見便利で早分かりのように感じるけれど、複雑な意味を確実に発表し、理解させるには適切ではありません。そのためでしょうか、以心伝心とかいって言葉抜きの第六感を賞揚したりします。

英語のコミュニケーションという言葉がよく使われますが、その接頭語の「COM（コム）」には「共同、連合」、という意味があるので、本来この言葉は、単に通信ではなくて、交信、つまり相互の発信及び受信を意味する言葉なのです。

ところがいわゆるマスコミは、発信が大部分で情報の伝達には有力ですが、交信がないので、視聴者の知性の底上げには適当とは言えません。先日、ある国際会議で日本の大臣が、英語が話せず評判を悪くしたとの新聞記事がありました。「他の諸国の代表は苦労して英語を習得しているのに」というわけです。

議論や討論を通じて正論、適論に達する、このプロセスを抜かしたら議会政治も、民主主義も存在し得ません。そのためには受信はもちろん発信もそれ以上に大切です。

今、小学校での英語教育の是非が盛んに論じられていますが、このようなことをよく生徒に理解させ、まず日本語で自分の意見を発表でき、同時に他人の意見もよく理解できる教育を基本として、さらに英語をその手段として学ばせれば理想的と私は考えております。

第十一信

自賛史観と自虐《じぎゃく》史観

自賛的とか自虐的とか、極めて主観的、偏向的な観察眼で歴史を見ることは、単に歴史観の問題にとどまらず、現在並びに将来への展望や、それらの価値判断に重大な過誤を生ずる怖れがあることを深く認識しなければなりません。

主張（一）「A級戦犯」とは、法的根拠を持っていない。

〈批判〉A級戦犯とは、極東軍事裁判当局が、事後的に考えた戦争犯罪の分類であり、法の不遡及や罪刑法定主義が保障されていないので、法的根拠を持たないと解釈できます。

「事後的に考えた」という意味は、日本の侵略行為の時には何も法的規制もなく、戦争が終わってから罰を与える法的根拠を考えたのであるとの意味。つまり法律を後から作ったのであるから、罪刑法定主義に違反し不当であるとの主張です。

まず歴史的な事実を確かめると、(A)日本軍は一九三一年(昭和六年)、満州(中国東北部)の大軍閥の首領張作霖《ちょうさくりん》を爆殺した後、後継者の張学良《ちょうがくりょう》の軍隊を攻撃して東北部より一掃しました(満州事変)。この時、日本軍(関東軍)の応援のため、(B)朝鮮に駐屯していた日本軍が、独断で国境の鴨緑江《おうりょくこう》を越えて満州に進攻したのですが、これは明らかに外国領土への侵略行為でした。

さて、日本軍のこれらの行為の際、日本政府は何らの法的規制の下になかったのでしょうか。

否です。

すなわち、日本は当時国際連盟に加入し、その一員であったのですから、その規約を守る国際法上の義務があったわけです。

その規約は、まず紛争の平和的解決を求めているので、日本軍の行動すなわち武力行使（A）は、明らかに規約違反行為となります。

次に、外国への侵略国に対しては、経済的、政治的、軍事的制裁を科すとありますので、（B）においては日本政府はこの規約の適用を受けるべき立場にあったのです。

尚、それだけではなく日本は一九二八年（昭和三年）、不戦条約にも参加署名していますので、その規約、

「（一）国際紛争の解決のために戦争に訴えてはならない。国家の政策の手段と

しての戦争を放棄すること。（二）一切の紛争は平和的手段によらないで解決を求めてはならない。」

を守るべき義務があったのです。

したがって、当時の日本は二重の法的規制の下にあったわけで、罪刑法定主義及び法の不遡及の法理が保障されていないとの主張は、認め得ないと思います。

そして、さらに一九三七年（昭和一二年）、盧溝橋《ろこうきょう》での日中両軍の衝突から日本軍の本格的な中国侵略が始まったのですが、その時の関東軍参謀長に後のA級戦犯の名前が見られます。

ところで、この時点では日本はもう国際連盟を脱退（一九三三年）していましたので、同規約からの束縛から免れていましたが、不戦条約の規制効力は残っていましたから、前述と同様にA級戦犯に法的根拠なしとする主張は誤りであるとするほかはないのです。

主張（二）東京裁判、その他の連合軍の戦犯裁判が科した刑は、我が国の国内法に基づいて言い渡された刑ではない。ゆえに戦犯は国内では戦犯とは言えない。

〈批判〉戦犯は、もちろん国内法によって刑を科せられたのではなく、問題（一）で述べた通り国際連盟規約及び不戦条約（後に国際連合に発展した）等の国際法規に基づいて言い渡されたのです。

現在の国際法の通念としては、国際法は国内法に優越しているので、現日本国憲法九十八条二項には、「日本国が締結した条約及び確立された国際法規は、これを誠実に遵守することを必要とする。」と定めています。

したがって、戦犯として服役中の人を戦犯として処遇することは、当然と言えるでしょう。しかし刑期を終えて出所した人々までもそう呼ぶのは、旧憲法下でしたら別かも知れませんが、今の憲法の下では人権侵害の恐れがあり、適当ではありません。

では死刑になった戦犯の人々はどうでしょうか。もちろん刑は満了したのですから、各自の宗教によって慰霊されねばなりません。

主張（三）　A級戦犯として判決を受け、刑を終えて出所した人々が、勲一等を授与されたり大臣を務めたりしたことは、この人の名誉が国内的にも回復されていたからこそ生じたと判断できる。

〈批判〉問題（二）で述べた通り釈放されたならば、最早戦犯として処遇されてはなりませんが、しかしその名誉が政府の厚遇を受けたからといって回復されたとまで言えるかどうか。

それは戦争犯罪とされた過去の事実を、いかに、どの程度に評価するかによるので、つまりは歴史認識の問題となります。

この政府の態度は政策的意味もあったでしょうが、歴史認識の甘さの露呈と思えるのです。

ところで、この人々の名誉が国内的に回復されたとしても、国際的に回復されたとは言えないでしょう。このことがこの後の日本の外交的立場にプラスであったかマイナスであったか、よく省察する必要があります。

私は自虐的歴史観は良くないと思いますが、自賛的歴史観にも反対しなければなりません。

主張（四）首相の靖国参拝は、戦没者の追悼を目的とする参拝であり、神道儀礼によることなく、宗教上の目的によるものでないことが明らかである場合には、憲法二十条三項の禁じる国の宗教的活動に当たることはない。

〈批判〉この件については、すでに福岡地裁及び大阪高裁が、公的行為として違憲と判決を下しているので、政府が裁判所の認定したことを非難したり否定することは合理的ではありません。なぜならば、立法、司法、行政の三権は各々独立しているのが立憲民主主義国家の通例であり、我が国も同様であるからです。

一八九一年（明治二四年）にロシアの皇太子ニコライが来日した時、大津市で警護の巡査に斬られ負傷しました。政府は両国関係の悪化を怖れて、巡査を大逆罪として死刑にしようとしましたが、大審院院長児玉惟謙は、政府の干渉を排して刑法に従い、謀殺未遂を適用し無期懲役の判決を下しました。これは、司法権の独立を守った判決として模範とされています。

そもそも追悼とは、「死者をしのんで、いたみ悲しむ」（『広辞苑』）意味です。

一方、「参拝」の拝は「おがむ」で、下位の者が上位者を見るという意味があるように、参拝の対象は神か仏です。それゆえ本堂（仏）に参拝するとは言うけれども、お墓に参拝するとは言いません。ただお参りすると言うのみです。

したがって、単に追悼するだけの「お参り」ならば、神社は不適当であり、「宗教上の目的によるものではない」と強弁しても良識に反しています。

そこで、宗教色のない、敵味方の死者との差別を超越した、怨親平等的追悼施設を作る必要が、どうしても生まれてくるのです。

第十二信

裁判員制度への疑問

裁判員制度は二〇〇四年（平成一六年）五月に、「裁判員の参加する刑事裁判に関する法律」が公布され、二〇〇九年（平成二一年五月二一日にスタートしました）までにこの制度が開始されることに決まったといいます。

最高検察庁の検事、多谷千香子氏によれば、この制度は、「一般市民の良識を裁判に反映させるため、クジで選ばれた一般市民が、プロの裁判官と対等の立場で裁判に参加して、事実認定や量刑を決する制度のことで、裁判員に選ばれると原則として辞退できない。

裁判員の対象事件は、殺人など、新聞の社会面をにぎわすような身近でわかりやすい重大事件である。」（「毎日新聞」二〇〇五年二月六日付）と説明されています。

そしてさらに、故ケネディアメリカ大統領の就任演説の中の言葉を引用して、「日本人も国政全般について主体的、積極的に参加すべきで、これは民主主義の要請するところ」とあります。

しかし裁判という仕事には、法律の高度な専門的知識と、その具体的適用には充分な習熟が必要ですから、一般市民が、「プロの裁判官と対等の立場で裁判に参加して、事実認定や量刑を決する」ことが、果たして望ましい制度と言えるでしょうか。これは常識的な疑問です。

憲法三十七条は、「すべて刑事事件においては、被告人は、公平な裁判所の裁判を受ける権利を有する。」（傍点筆者）と定めています。裁判員といっても素人《しろうと》ですし判断力も玉石混淆《ぎょくせきこんこう》で、裁判が変わるごとに裁判員たちの能力の程度も変わります。これで裁判所の公平性を保持できるとは思われません。

憲法学者の通説では、「日本国憲法のもとでも、裁判官が陪審の評決に拘束されないものであるかぎり、陪審制を設けることは可能と理解される。」（『憲法』芦部信喜）とされています。

多谷氏の説明によれば、裁判官は裁判員の評決に拘束されるのですから、右の通説には反しているわけです。つまり現憲法下では裁判員制度は許されないというのが通説です。

多谷氏の説明では、「裁判員は事実認定をもする」ということですが、この点については、最近、最高裁の参事官の講話が報道関係者の間で問題視されました。その話は次の通りです。

「職業裁判官は予断を排除する訓練をしているが、経験のない裁判員の場合、証拠を前にしても報道の影響を受け、公正・中立な判断ができるかどうか大きな不安がある。裁判員は報道が間違いがないと思ってしまうのではないか。この点メディアは充分考慮してもらいたい」

この参事官の見解に対し、報道関係者から「報道の自由の規制につながる」という懸念の声が出たのに対して、参事官は「関係報道を一切するなという趣旨ではない。報道に対する法規制は馴染《なじ》まないと考えている」と釈明したそうです。

要するに、裁判所自体が裁判員の事実認定能力に不安をもっているので、裁判員の事実認定の適正を確保するため、裁判官が一定の役割を果たすようにするなどの条件が確保されなければ、裁判員の評決に拘束力を認めることは合法的ではないということになります。

抽選で決定した裁判員候補者は、次に該当しないかぎり辞退できません。

「七〇歳以上」「重病」「親族の介護」「極めて重要な仕事に従事」

初公判の日に裁判所に出向しないと十万円以下の過料処分を受けると言います。随分強制性の濃厚な制度ですが、辞退できる条件のうち、年齢以外はそれぞれに該当するには、どの程度からという目安が必要になってくると思います。そうでないと判断の公正は望めません。

憲法二十二条は、職業選択の自由を認めていますが、この制度の強制性はこの自由を無視しているのではないでしょうか。

私はある集会で元法相であった某氏にこの件を質問したところ、「裁判員は職業ではない」との答えでしたが、裁判員には手当が出るので、ボランティアではないし、一種のパートだと私には思われます。

職業でないと言うのであれば、国権による国民の強制的、有償的労務提供制度とでも言うほかはないのでは、と思います。それでは昔の賦役《ぶやく》に近くなってしまいます。基本的人権としての、自由と幸福追求に対する権利が、それらを守るべき裁判所によって軽視されるとしたら、真に不可解なことではないでしょうか。

さらに憲法七十六条には、「すべて裁判官は、その良心に従ひ独立してその職権を行ひ、この憲法及び法律にのみ拘束される。」（傍点筆者）とあります。

しかし説明によれば、裁判員は職業裁判官と対等の立場で事実認定をし、量刑を決定するのですから、その拘束を受ける裁判官の独立性は保障されず、したがってこの制度は違憲になると思いますが、いかがでしょうか。

なお裁判員を辞退できる条件の中に、人格的・宗教的信条を加えるべきであると思います。聖書に、「裁くなかれ」とあり、また良心的拒否も人格権として認める必要があるからです。

以上縷々《るる》述べた通り、この制度は多くの点において憲法に馴染まないように思われますが、大方の司法の諸権威にご一考頂ければ幸いです。

第十三信
オリンピックもいろいろ

二〇〇四年の夏の暑さは格別でした。

同年のオリンピック開催地となったアテネも大変暑かったようですが、特にマラソンは急な坂があり、我慢くらべと同じで選手たちに同情しました。

このオリンピックを観て、野球は監督の責任が特に大きいのだと改めて知りました。

日本の伝統的文化である柔道は、その名声を守りましたね。バレー、サッカー、ソフトボールなどは健闘しましたが、瞬発的な筋肉力に増強の余地があると思いました。

しかし、結果は別として、「正々堂々と全力を尽くして戦う姿勢が大切です」。これはフランス剣道連盟顧問の好村兼一氏の言葉ですが、これが真のオリンピック精神でしょう。

ところで、昔から「健全な精神は健全な肉体に宿る」と言われてきましたが、逆に「健全な肉体は健全な精神による」と言えるのだと思います。つまり、両方が同時進行でなければならないことになります。

そこで体育と知育が両方必要なわけですが、この知育の方の「オリンピック」というのはないのでしょうか。

実はあるのだそうです。

それは「国際哲学オリンピック」で、その第十回大会が二〇〇二年の五月に日本で開かれ、参加各国の高校生が哲学的思考の成果を競い合ったそうです。

この大会でも同時多発テロ事件のショックにより、どうしたら異文化や異宗教の壁を越えて、世界の人類が平和で幸福な未来を築けるかなどの論文を書くほか、熱心な自由討論が行われたのですが、審査の重点は、論理的一貫性、独創性、一般的哲学知識の三点でした。

日本の高校生たちも頑張りましたが、発表の言葉が、イギリス、ドイツ、フランスの三国語に限定されていたのがハンディキャップとなって、成績はアテネには及ばなかったとのことです。

なにしろ日本の高校では倫理の授業はあるのに哲学はないのです。一方、ヨーロッパでは初等教育でも哲学を教えているのですから、実力の差が出ても仕方がないのだそうです。

ところで、私が知ったフランスの高校での哲学の問題を一つ紹介しましょう。

「一人の街の女性《ストリート・ガール》が人生に絶望して、今、自殺しようとしている。そこで彼女に自殺を止めさせ、生きる希望を与えるよう説得しなさい」

さて、「哲学」と日本語で言うと、とても難しく近寄り難い感じがしますが、「哲」とは「さとし」で、道理を知ることを意味し、英語のフィロソフィは智を愛するが語源と記憶しています。

この大会の委員長曰《いわ》く、「高校の科目に哲学がないことは恐るべき欠陥です。哲学論文を時間をかけて書ける高校生が出てくるようになれば、日本も大きく変わるのではないでしょうか。コンピュータだけでは駄目です」

もともと日本には、「下手《へた》な考え休むに似たり」とか、「りくつ屋」とか、思考や論理を蔑視《べっし》する風がなくもないと思うのですが、早く改められねばならないと思います。

第十四信

赤信号みんなで渡っても怖いです

赤信号をみんなで渡れば怖くないというのは間違いですね。大勢の人々が赤信号を無視して渡れば、車の方が青信号でも止まってしまうし、その後ろの車が追突する危険があります。

赤信号無視を繰り返していると、それが習慣のようになって、一人か二人の少人数の時や酒に酔っているような時は、特に事故を招き易く危険です。子供の事故が多い折柄です、大人が模範を示しましょう。

ところで戦前のことですが、交通信号無視が大きな政治的事件に発展したお話をしましょう。

大阪で起きたことですが、一人の陸軍兵士が交差点の赤信号を無視して道路を渡りました。ところがそれを見ていた交通警官がその兵士を呼び止めて、交通規則を守るようにと注意しました。

するとその兵士は、自分は軍人であるから上官の命令には従うけれど、民間人を取り締まる役目の警官の命令などには従えないと反論したので、その巡査も苛立《いらだ》って喧嘩《けんか》同様になってしまいました。

その場は別の警官が中に入って一応おさまったのですが、何しろ喧嘩同様になったのですから、その警官も兵士に対して相当きついことを言ったらしく、後日、軍部の方から、軍人を侮辱したという理由で、責任者の謝罪を要求してきました。

しかし大阪市の警察当局は、もともと非は兵士の方にあるとの理由でその要求を拒絶し、軍人の方こそ遺憾の意を表すべきであるとコメントしました。

この両者の対立はしばらく続きましたが、今、国内で内輪もめしている時ではないという大方の意見が効いて、結局ウヤムヤのうちに幕となりました。

交通規則などは軍人には守る必要のない瑣末《さまつ》な法律にすぎないとして、無視するような独断的で専横な態度が、やがて軍部内の上下間の規則の乱れを生じ、その結果として国防という軍本来の使命を逸脱する行為を生み、やがて歴史的な不祥事件を相次いで引き起こすことになりました。五・一五事件や、二・二六事件などです。

さて、交通規則も交通の安全という公共の福祉のための法律の一種ですから、法律に従わねばなりません。しかし法律というものは、杓子定規《しゃくしじょうぎ》で冷たいと言う人もいます。法律を解釈し適用する場合、適切でなければそのように感じるでしょう。

しかし私は法律を少し知っていたので、多年の悩みだった隣地との間の境界問題を円満に解決できた時は、法律の有り難味を身に染みて感じました。

また大分以前のことですが、寺院の墓地に学会の人たちが無断で入ってきて、埋葬を強行する、いわゆる「強制埋葬」の事件が起きた時、私はそれは憲法の信教の自由に反すると考えたので、友人を介して法制局のお役人と面談しました。そして自説を確認することができたので、万一の場合の対応に自信を得たのでした。

考えてみれば、宗教法人法による寺院の運営と課税問題、地域の青少年問題、宗門事務等々、法という名の規律に関係のないものは、私の住職時代ほとんどありませんでした。

ところで、法律といっても神ならぬ人間の作るものですから、適当でないものや時代遅れのものも出てくるわけです。

あのソクラテスが、「悪法でも法は法である」と言って、脱獄を拒否して服毒し、刑死したことは有名な話です。

私はソクラテスについて特に研究したわけではありませんが、もし小説を書くとすれば、次のように著すでしょう。

「お前は悪法で死刑になることは間違いだと言う。しかしお前に言っておく。悪法ならば法を改めるのが先であって、法を破ることを先にしてはならないのだ。私が無実なのに不当に処刑されたことを後に世人が知るようになれば、悪法も改められるであろう。そして遵法の精神が向上するに違いない。」

まことに正しい法の遵守こそ、戦争と温暖化による地球規模の大災害を防止する鍵であると思います。

第十五信

十二月八日に思うこと

十二月八日は、言うまでもなく、日本が真珠湾を攻撃しアメリカとの戦争に突入した日ですが、実はその日はお釈迦様が悟りを開き仏陀となられた大切な祈念の日（成道会）だったのです。しかし海軍司令官はそのようなことは知らなかったし、また知っても問題にもしなかったでしょう。軍部は仏教僧侶にも銃をとらせ、戦闘に参加させたほどですから。

アメリカ軍にも牧師がいますが、たとえば復活祭の日に大作戦を実行するようなことはまずないと思われます。

さて海戦から半年余りのミッドウェー海空戦では、「神明の加護がなかった」と言われたほどツキがなく、四隻の空母を一挙に失う大敗をしてしまいました。

戦運はなぜ日本艦隊を見放したのか、この作戦に参加した淵田海軍大佐は次のように記しています。「開戦以来、日本海軍の奔放な行動を許していた神が、初めて一大反省の機会をわれわれに与えたのではないか、と思われるほどいろいろな教訓を残している。」（『ミッドウェー』淵田美津雄他　ＰＨＰ研究所）と。

そしてその反省は「国民性の弱点」にまで及んで、視野狭隘《きょうあい》、独善性、非合理性、事大主義などが列記されていますが、惨烈な戦争の体験者の言葉として真摯《しんし》に受け止める必要があると思います。

なお、本書『ミッドウェー』は諸外国でも出版された名著で、戦争というものの実態を知ることができます。

第十六信

人間学

某国の運動選手がイギリスに親善試合に行き、街で帽子の買い物をしようとしたところ、「万引きをしようとしたのだ」「いや、買い方を知らなかったのだ」ということで紛争が起こり、お蔭でとんだ「親善試合」になってしまった、と新聞に報じられたことがあります。

買い物の仕方を全然知らないというような場合は論外として、簡単にショッピングといっても、人により上手下手《へた》が大いにあるようです。結局品物に対する知識と判断力が物を言うことになるので、商品学というような勉強も必要になってくるのでしょう。

品物の良し悪しを判別評価することもなかなか難しいけれど、人間に対する評価はもっと難しいと思います。

それゆえ、歴史上の人物に対する評価、その功罪の判別は学者によって相当な違いが出て来ることがありますし、また現存の個人の場合でも、見る人により評価が様々という場合が少なくないのです。したがって、商品学と同様に人間学が大いに必要なのでしょう。

かつて、罪を犯して私の保護観察を受けていた青年が、家人の無理解と冷たさから再び反抗的となり、家を飛び出して、今にもまた何かやり出しそうに見えていた時、次のような手紙をよこしました。

「私よりの先便にてお怒りになっていることと思いますが、私のいろいろなことを聞いてくれる人は、地球上に先生だけなので、心の中をぶちまけてみたく、書いた次第で許してください。」

この青年は幼時に重い熱病を患ってから、精神的持続力に乏しく、学生時代は勤労動員で、悪い環境で働かされ、次第に不良化するようになりました。そのため両親揃った中流家庭に育ちながら家庭の冷たい無理解もあり、つきつめた孤独感と社会への反抗心を懐《いだ》いていたのです。

古人は、「すべてを理解することは、すべてを許すことである」と言い、また、「士は己《おのれ》を知る者のために死す」とも言います。

他人が自分を真に理解してくれたと思う時ほど嬉しいことはないものですが、なかなかそういうことは起こり難いのが人生です。だからこそ古人は、自分を真に知る人のためなら、生命を捧げても惜しくはないと真実思ったことでしょう。

もし人が、他人の善悪長短を批評する前に、まず彼を一人の人格的存在として認めることができたとすれば、その人の人間学は及第点を得たのと同じと思います。

法華経の説くところによれば、常不軽菩薩《じょうふきょう》はそのお名の通り、人を軽しめず人間礼拝の行をつまれました。そのためにかえって嘲笑《ちょうしょう》され、暴行や迫害すら受けましたが、「皆さんは行く末は仏様になる方々です」と合掌礼拝の行を止めず、やがて自らも成仏を遂《と》げたのです。

このような仏凡一如の、人間尊重、人間救済の教えを説く法華経を信ずる私たちは、不幸な条件と境遇の下で再生しようと努力している人々に対して、冷たい眼で見下すようであってはならないと思います。

現在万人が待望している世界の平和を困難にしているのは、国家エゴイズムと狂信的原理主義であり、ヨーロッパにとどまらない世界ユニオンの達成などは、遠い夢にすぎませんが、まず個人個人が正しい信仰に目覚めて自我を抑制し、心中の国境を開放していかなければ、世界はおろか、「社会を明るくする」(更生保護の標語)こともできないでしょう。

ロマン・ロランは、「窓を開けよう、自由な空気をもっと呼吸しようではないか」と、自然科学の発達による唯物論的合理主義に対して叫びました。

私たちは幸いにも尊い法華経を頂いています。それは人を許すこと、愛することよりさらに進んで、人を礼拝することを教え、「我らと衆生と皆共に仏道を成《じょう》ぜん」と宣言されているのです。

今や恐るべきスピードで進んでいる新しい時代に適応できる仏教を目標として、私たちは今よりもさらに信仰と勇気を奮《ふる》い立たせていかなければならないと思います。

さもなければ、高度の機械文明、物質文明発達の蔭に人間の良心(仏性)が麻痺《まひ》させられ、その尊厳が踏みにじられるのを傍観するほかないでしょう。

第十七信

小さいいのちを守ろう

「衆生（生命あるもの）は悉《ことごと》くこれ吾が子なり。」

——法華経

「児童は、身体的及び精神的に未熟であるため、その出生の前後において、適当な法的保護を含む特別な保護及び世話を必要とする。」

——国連「児童の権利に関する条約」前文

砲煙弾雨の血なまぐさい戦場で、ふと目の前の石ころの上に止まった一羽の白い蝶。戦い疲れた若い兵士が思わず塹壕《ざんごう》から身を乗り出して、懐かしげに手をさしのべた瞬間、敵の狙撃兵の非情な弾丸に撃ち貫かれる。

昔の戦争映画にこんな場面があったことを思い出します。

殺し合いの戦場でも、可憐な小さな生命《いのち》への愛惜を人間は失わないものでしょうか。あるいは強制された殺し合いに対する、「人間性」の束《つか》の間《ま》のレジスタンスであったのでしょうか。

生存競争の激烈な現代社会は、戦場に似ているかも知れません。

そこでは、人々は目隠しされた馬車馬のように生活のために働かなければならないことは否定できません。しかし、せめて個人生活の狭いグループ、つまり家庭の中だけでも、もっと人間味と慈悲のムードを高める余地をつくり出すべきではないでしょうか。

そのような小さいグループの集まりが、結局大きな社会を形成しているからです。

私はここで、毎年闇から闇へ葬られる——いや実際に「葬られる」ものたちは数少ないが——全国で二十数万に達するという小さい生命（胎児）の問題を取り上げたいと思います。

数人の生命を奪ったような凶悪犯人に対する罪の裁きにおいてさえも、犯人を弁護する弁護士がいて、冤罪《えんざい》（無実の罪）や量刑の不当、並びに人権侵害より被告を守る手段が設けられているのに引き替え、まったく罪なき小さな彼らの運命は、あまりにも痛ましくはないでしょうか。

以前は中絶に関する法律には優生保護法がありましたが、現在は廃止されて、代わりに母体保護法が制定されています。しかし、これで中絶が法的にもより自由になったと言うほかはありません。そして依然として野放し状態が続き、中絶率は二十パーセント、つまり胎児の五分の一は犠牲になるといいます。

ところが、次のような意見もないわけではありません。

「現在のような性道徳の低下した状態で、中絶を自由に認めなければ、私生児、捨て子、親子心中などが増加し、かえって悪い社会的結果を生む」と。

これは一見もっともらしい意見のようですが、実は原因と結果を取り違えています。中絶が自由にできるからこそ性道徳が乱れ、結果としていろいろな弊害が生じるのです。

また、「生きている人間の人権さえも充分に守られているとは言えない現在において、胎児の人権など問題にする余裕はない」との反論もあるかも知れません。

しかし、母体から出た人間の生命と、生命の本質において、どれほどの差があるというのでしょう。母体の中の未完成な生命だからといって軽視する考えこそ、現実に生きている人間の生命軽視――人権無視に通じるのです。このことこそ怖るべき社会的悪影響であると思います。毎日のように報道される子供の虐待、殺人、自殺、等々、いのちの大切さがいくら叫ばれても、問題解決にはほど遠いのが現状ではないでしょうか。

その上、現在、政治的な問題にまでなっているのが、少子化の傾向にストップがかからないことです。政府も専門大臣まで設けて対策に苦慮しています。しかし、母体の生命や健康にも、また経済的にも、何らの差し支えがないにもかかわらず、せっかく宿した生命を無用化している現況をなぜ政府も識者も傍観しているのでしょう。私は非常に疑問に思います。

さて、この辺で胎児の法律上の地位を調べてみますと、人間が権利の主体となるには出生が必要ですけれども、「胎児に何らの権力能力がないものとすると、胎児に不利な場合や、人情に反する場合を生ずるので、各国の法律は皆多少の例外を設けている。」(『民法』　我妻栄　有斐閣)とあります。

そこで我が国の民法では損害賠償の請求、及び遺産相続については、胎児はすでに生まれたものと見做《みな》されるのです。つまり胎児の時にそれらの権利を行使し得る地位にいた場合には、無事出生したならば、その権利を主張し行使できるわけです。

右のような法律的取り扱いについては、「胎児であっても生まれたものと見做される範囲において、制限的ながら権利能力があると解するのが妥当」とされています。この説を推論すれば、権利能力とは、「権利の主体となる資格」ですから、胎児といえども、憲法で規定する基本的人権を制限的ながら享有することになります。仏教的立場から言えば、一切衆生——生きとし生けるものの生命には、制限も差別もないのですから、この問題は一層深刻に受け止めなければなりません。いわゆる水子供養だけで済ませられる問題ではないと思いますが、いかがでしょうか。

さて、そもそも親だから子（胎児）の処分は自由である、というような時代離れした倫理観念の人々の多いことにも問題があると言わなければなりません。

国民の権利は、「国民の不断の努力によって、これを保持しなければならない」

と憲法にあるように、私たちは前述のごとき封建的倫理観改善のために努力し、生命権、人権の軽視をなくしていく必要があります。

特に、「一切衆生悉有仏性」、「草木国土悉皆成仏」という崇高な教義を頂く仏教徒の使命は重大なのです。

以上を要約すれば、この問題は、

（一）人命軽視のムードを広めて、各種の殺人、自殺、傷害事件などの激増と関連している。

（二）女性にとっては、母性尊貴の自覚を低下させ、同時に子弟教育上の悪影響を生む怖れがある。

この二点は、重大な社会問題と考えられますが、対策としては、女性が安心して出産できるような環境を整備することは言うまでもなく必要ですし、そのためには政府も、将来の日本を背負う生命の育成に貢献を惜しまぬことを期待したいと思います。

第十八信

強敵も女人も仏にする法華経

そもそも法華経のいずれの箇所をお読みしても、釈尊のお慈悲が広大無辺であることをお説きになっておりますが、この提婆品《だいばほん》という名前の部分（章）を読みますと、特にそのことを深く感じます。

キリストは、「汝《なんじ》の敵を愛せ」を教えましたが、釈尊はこのお経の中で、自分を迫害し、殺そうとさえした提婆達多《だった》のことを、憎むべき敵と思うどころか、実は釈尊に成仏の機縁を与えた人であり、彼自らもやがて成仏することになる、と説かれているのです。

提婆達多は実は釈尊の従弟なのですが、この迫害者を釈尊がどのように考えられたかを、このお経の前半にて、釈尊の「前生譚《たん》」つまり前世の物語としてお示しになったわけなのです。

初めに釈尊が成仏されるまでの修行の経過を話されるのですが、まず、「願を起して無上菩提《ぼだい》を求めた」とあり、そして、「心退転せず」とあります。

イギリスの諺《ことわざ》に、「良きスタートはすでに半ばをなせるなり」とあるように、釈尊も修行の始めに願を起こす、つまり強い決意で悟りを求め、しかも途中で止めるようなことはなかったので、まことに良いスタートをされたわけでありま す。

さて、その修行の第一歩は何かと言いますと、それは布施の行だったのです。

心の中のムード的な心情である慈悲が、外に表れて具体的な行動になった場合が布施なのです。したがって、何かのお返しが欲しくてするのは不浄施で真の布施ではありません。

釈尊は前世では国王でしたが、その王位も、城も、財産や家族も捨てられて、真に人生の救いとなる真理を求められたのです。

このようにして布施の修行をなさっている間に、釈尊は遂に阿私《あし》仙人に会い、待望の真理である妙法を説いてもらうことができるのです。しかしそのためには大変なご苦労をされました。それは、和歌、「法華経をわが得しことは薪とり菜つみ水汲み仕えてぞ得し」（『身延山御書』）の通りです。一国の王であった身が、真理のためには召使いと同様な仕事で師の仙人に尽くされたのです。

しかし、このような苦労を味わいながら妙法を頂く悦《よろこ》びが心中に満ちあふれ、少しも疲れたり怠けたりすることはなかったということです。

宗祖大聖人が佐渡流刑の折に、「我らは流人なれども心身共に嬉しく候也。大事の法門を昼夜に沙汰し成仏の理《ことわり》をば時々刻々に味わう」と言われたご境地も、やはり試練の中の法の悦びとして同様と推察してよろしいかと思います。

さてこのようにご苦労の上、妙法を求められた目的は何であったと言えば、それは広く諸々《もろもろ》の衆生、すなわち人々のためであって、自分一身の五欲の楽しみのためではないぞ、と説かれます。

私たちが毎日の勤行の時に読みます「四誓」の第一に、「衆生は無辺なれど、誓って度せんことを願う」とあります。

あまりにも読み慣れているために、かえってその意味をおろそかにしがちなことは申し訳ないことで、この法華経を釈尊がご労苦の末に体得され、私たちにお残し下さったのは、決して一部の人々のみのためではなく、広く世の中の諸人のためであることは深く感銘し、反省すべきであると思います。

このようにして遂に釈尊は、この仙人より真実の妙法を伝授され成仏されたのですが、いよいよ、ここで重大な発表をされます。

それは前世にて王様であった自分にその妙法を伝授してくれた阿私仙人とは、

実は今の提婆達多であるぞという意外なお話です。

長い間釈尊の敵となって教団への迫害をしてきた提婆が、実は釈尊に成仏の妙法を伝えてくれたその人であったのだ、というわけです。

さて、一体それはどういうことなのでしょうか。普通の人なら、自分が正しいと信ずる教えを否定し迫害する者に対しては敵意を持つことでしょう。

しかし釈尊にとって、提婆は釈尊の真意が理解できず、ただ反対するばかりで悪道に落ちたところの哀れな人間であり、何とかして彼をも救ってやりたいという大慈悲心を持たれたのです。

煩悩の病が重ければ重いほど、医師としての釈尊のその病気を治そうとするお気持ちには、一層の熱意が込められたのであります。求道への真剣味となったのであります。

それゆえ、釈尊にとって悪人提婆は、悟りを開き衆生を救済しようとする釈尊の大願を成就する機縁と試練を与えてくれた点において、かの仙人と同じと受け取られたことと推察されるのです。

さらに進んでは、提婆は非常に長い年月を要するけれど成仏できるであろうと保証されます。邪悪な彼もいわゆる逆縁によって成仏するということは、妙法の功徳と仏陀の慈悲の偉大なことを物語るものと言えましょう。

ここで考えるべきは、仏様の悪人を悪人扱いせぬ慈悲の心が提婆の成仏という結果を生んだことです。

「罪を憎んで人を憎まず」という古い諺は、常に新しい意味を含んでおります。人を恨み敵視する刃は、いつかは我が身にも加えられるものではないでしょうか。

さて次には、この妙法蓮華経を浄心、すなわち清い心で信じ敬う功徳が説かれます。

浄心とは、余計な考えや利害打算のない心で、このお経を信ずる者の功徳は、地獄、餓鬼、畜生の三悪道に染まることなく、常に仏様の近くにあって、真理を楽しむ生活ができるということであります。

以上、法華経提婆達多品の前半に説かれている内容について、大体のところをお話しして参ったのですが、一言で言うと「悪人成仏」です。しかも普通の悪人ではなく、危険な法敵ですが、宗祖大聖人は次のように述べられました。

「釈迦如来の御為には、提婆達多こそ第一の善知識（師）なれ。今の世間を見るに、人を良くなすものは方人《かろうど》（味方）よりも、強敵が人をば良くなしけるなり。〈中略〉日蓮が仏にならん第一の方人は（東条）景信、法師には良観・道隆・道阿弥陀仏と平《へい》の左衛門尉《さえもんのじょう》守殿ましまさずんば、いかでか法華経の行者とはなるべきと悦ぶ」

すなわち、このような法難や法敵あってこそ、初めて大聖人は法華経の行者としての自覚と実践を成し遂げられたのであり、また同時に同経の行者にして初めて、これらの法敵をも真に成仏せしめ得る妙法力を体得せられたと申すことができましょう。

さて、提婆品の後半の「女人成仏」のところで、私の注意をひきますのは次の点です。

すなわち文殊《もんじゅ》菩薩が、竜女の仏道修行の進歩の著《いちじる》しいことと、いかにも女性らしい美点を賛美されたのに対し、智積《ちしゃく》菩薩が、釈尊の極めて長い期間の積功累徳のご修行と比較して、とても信じられないと異見を述べた時、竜女自身はそのような自分への不信の表明に対して、一言の反言も弁解もせず、ただ「深く罪福の相を達して」に始まる仏徳賛歎の偈文《げもん》を述べただけでありました。

竜女は先生格の文殊菩薩から、「智慧利根にして……よく菩提に至れり」と激賞された直後に、「この竜女が正しい悟りを得たとは信じられない」と、智積菩薩に批判されたのですから、普通なら何とか一言あってもよいところと思います。大学卒の才媛が柳眉《りゅうび》を逆立てる場面を想像したくなるのですが、さすが文殊菩薩が賞賛した通り竜女は違います。

もっともお経には、竜女が智積菩薩の不信の言葉を直接聞いたことにはなっていませんが、智積菩薩の言葉がまだ終わらないうちに、アッという間に竜女が現れたとなるので筒抜けのはずです。

竜女は静かに仏様を賛美して次のように申すのですが、そこに智積菩薩への対応も間接的に含まれているとも受け取れます。

「仏様は罪というもの、幸福というものの真実の姿を深く見極めておいでになり、その智慧と慈悲の光は、広く十方の世界を照らしていらっしゃいます」

思うに人生諸般罪福の仮の姿に迷って、自他共に苦しめがちなのが私たちではないでしょうか。

キリスト教は、「汝らの中罪なき者石もてこの罪人を打て」と教えました。

私たちは自分の知らないうちに、人の罪に原因を与えているかも知れないのです。一つの罪は一つの原因によって起こるものではなく、数多くの原因と縁によって起こり、それらの因と縁とがまた無数の因と縁によって起こっています。

したがって、そのような複雑な因縁関係をたぐって行けば際限はないわけで、そこに個人の罪の限界と、その半面の一般化が見出されてきます。

一人の人間をどのような極刑に処したところで、その人の犯した罪が完全に償われるものではありません。

このように考えてきますと、「もし懺悔せんと欲せば端坐して実相を思え」（観音賢経）との経文に、深い意味と救いとを感じないではいられません。

およそ罪苦というものを宿業と感じ、共業《くごう》（社会的業）と悟り、法界大に普遍化して思いめぐらす時、その滅罪を祈る心は、すでに我執より離脱した自他一如の崇高な境地にほかならないと思います。

それゆえ、「一切衆生異の苦を受くるは悉く如来一人の苦なり」（涅槃経）との仏語の中に、偉大な智慧と大慈悲が燦然《さんぜん》と光り輝くのを拝することができると思います。

さて、竜女はさらに賛仏の言葉を続けて、仏の教えを聞いて深く信ずれば、必ず、「菩提を成ずる」ことは仏様のみがご存じであると、自信を述べます。その自信は仏様を信ずる深い心より発するもので、常に仏がご照覧であると信じられるなら、まことに力強いことなのです。ところが、ここでまた舎利弗《しゃりほっ》から女人のハンディキャップを突かれます。そこで竜女は論より証拠と、成仏して説法の光景を現して終わるわけですが、竜女が成仏する前に大変貴重な宝珠を仏様に差し上げたということの意味は、やはり「献身」ということを象徴的に表していると思います。

女性には一度信じた対象には純粋なまことを捧げる資質があるようですが、信仰の面でその美徳が発揮されることに大きな意義を感じます。しかし何といっても女性の尊さは、「衆生を慈念することなお赤子の如し」と経文にあるように、母性愛にその極致があると思います。

なぜならば、人格の形成——仏性の自覚は、生ける菩薩としての母性による、正しい愛育に基づくと信ずるからです。

第十九信

青年と語る

「こちらは、とても静かで良いですね。こういう場所で読書したり、考えたり、読経できたらほんとうに素晴らしいと思いますね。

私の所は坂のある自動車道路に面していて、すごく喧《やかま》しいのです。まあ都市寺院の宿命みたいなものですが。

その上、大気汚染や家屋の振動、また道路拡幅の問題など、環境問題が度々起こってきて、その都度対策に苦慮します」

——昔は静かだった所でしょう。

「もちろんですよ。ですから私は一般市民の公害の訴えを理解でき、また同感できます」

——以前と比較すれば、人々の生活水準も格段に上がってきて、素晴らしいと思いますが。

「確かにその通りですね。しかしその反面大量生産品が多くなって、ほんとうに満足させるものが少なく、不良食料品の問題や危険な商品が普及するなど困ったことです。

昔私が学生の頃、ある有名な先生が言っていました。

何か悩み事があって独り静かに考えたいと思って神社やお寺に近づくと、何か御用ですかと聞かれてしまう。その点、外国の大きな教会は誰もいなくて、独りものを思うのに適してるとね。

現代の青年はどうなのでしょうね。独りを求め、自分自身と対話したいという欲求は、やはりあるのでしょうか」

──今はマスコミとかメディアが物凄く発達していて、勉強するにもラジオやテレビを身近に置くというのが多いから、ほんとうに独りぼっちになると退屈したり、ケイタイをかけたりする人が多いでしょうね。

「そうかも知れませんね。私の中学時代、修身を受け持ったのは校長先生でしたが、講話を始める前に必ず『静思ー』と言って、三分間ぐらい両手を下腹に当てさせ、精神統一をさせました。

当時は分かりませんでしたが、後になって、それが大変ためになったと思います。

人間は結局独り生まれて、独り死んでいくものだという諦観は、やはり必要だと思います。その意味で孤独になり難い環境で、孤独に馴染めないことは自主的な人間形成上、都合が悪いでしょう。

日蓮聖人のお言葉に『我が身を知るを仏に成ると申すなり』とありますが、あまり情報過多と喧騒の中にばかりいると、自己を見つめる意欲や力が次第に鈍化していくような気がします。

昔勉強したフランス語の本の中に、次のようにあったのを覚えています。『大部分の人々は、彼ら自身と共に生きることを知らない。彼らは自分自身より離れてしまうことのみを追い求め、幸福をただ自分たちの外部にばかり追い求めているのだ。幸福は彼ら自身の中に再建せねばならない』

――釈尊に自燈明の教えというのがあると聞きましたが、仏教は個人から出発するわけですね。

「そうです。だから修行のために旅立つお弟子に、二人して道を行くことなかれと、悟されています。

人間は独りで自己を見つめ、内面的に教えや考えを深めていってこそ、そこに強い確信が持てるようになるのだと思います」

――偉大な宗教家は皆そうでしょうか。日蓮聖人は非常に行動的な方であったように承知しておりますが。

「先年の宗祖七百遠忌記念に、映画や演劇でも祖伝が取り上げられて、それぞれ評判も良く大成功だったと思いますが、ドラマとしての性質上どうしても華々しい行動面が中心となるのは止むを得ませんね。

さらに進んで、内面的動機やご心情への理解に導くことは、やはり祖伝や教義の勉強も必要ですが、きめ細かい布教に期待したいですね」

――新興宗教と呼ばれている教団の大衆動員数は大したものですね。

「先般、東京の本宗四部共催の布教講習会が開かれ、題目教団の中の霊友会、佼成会よりそれぞれ会長さんと教務課長さんが講師として招かれ、平素はなかなか聞かれない本音に近い話を聞く機会がありました。

このような大教団は、入信する人々も多い代わりに離れていく人々も多いということで、当日講師として出席したジャーナリストのS氏によると、特に創価学会を例にとり、熱の冷めていく人々も実に多いとのことでした。

同氏曰く『本当の信仰は疑っても疑っても、どうしても疑うことのできない真実に突き当たって、初めてそこに生まれるものと私は思いますが、大教団は最初から絶対に疑わせず信じ込ませていくのが流儀』とのことでした」

――例の「政教分離」の件は一時大問題化しましたが、元来日蓮上人は立正安国論で幕府を諫められるという他宗の開祖に見られない、宗教的であると同時に政治的ともとれる行為をなされましたね。

「暗黒時代とも言われる中世の十三世紀に誕生され、永遠の本仏釈尊の絶対平等の覚醒と救済を確証する法華経に、全生命を捧げられた宗祖ですから、宗教的とか政治的とかの狭いカテゴリーを超越されておられると思います。ただ、心ない反対者の陰謀によるご法難のため、幕府当事者との対話による諫言《かんげん》を果たし得なかったことは、ご無念であったことと拝察されます」

――立正安国論は現代とどのように関係づけられるのでしょうか。

「大変難しい問題ですね。

言うは易く行うは難しですね。

先ほど、大聖人の行われた幕府への諫言は宗教的とか、政治的とかの限界を超えられた、と申しましたが、単に一つの名目に限定できないとの意味です。

言い換えれば宗教的であり、倫理的でもあり、政治的でもあり、また終局的には民衆救済の意味で社会事業的でさえあったと、私には思えます。

法華経寿量品の中で、『我もまたこれ世の父諸もろの苦患を救うものなり』と仰せられて、父子の倫理に救済の大慈悲をお示し下されており、大聖人も、諫暁《かんぎょう》八幡鈔に、『二十八年が間又他事なし、只妙法蓮華経の五字七字を日本国の一切衆生の口に入れんと励むばかり也、これ即ち母の赤子の口に乳を入れんと励む慈悲也』と仰せになっております。

立正安国論の冒頭に、天変地異、疫病のため、『牛馬巷《ちまた》にたおれ、骸骨《がいこつ》路にみてり。死を招くのともがら既に大半を超え、之を悲しまざる族《やから》敢て一人も無し』

と述べられておりますが、『一切の男は父なり女は母なり、されば生々世々に恩ある衆生なれば皆仏になれと思う可きなり』との仏教的倫理観と申しますか、ヒューマニズムあふれる大聖人にとって、この惨状がまことに見過ごし得ぬ事態であったことと拝察されるのです。

このような如来の金言や宗祖のご遺文を拝する時、『如来の全身います』と法師品にもありますように、仏祖の全人格的な発動のお姿を拝することができると思うのです。

如来の全身を、同じく全身をもって拝され、受け止められた方が日蓮聖人であったのではないでしょうか。

『一切衆生の大施主』と仰せられた本仏釈尊を、全身的に受容された大聖人であられたからこそ、未曾有の法華経の行者として御一生を一貫されたわけですね」

――ところで、現在家庭内暴力から政治・経済的倫理の低落に至るまで、いろいろな問題が山積しておりますが、どうお思いですか。

「家庭内のモラルも、社会生活上の礼儀も、政治や経済上の倫理も根本は一つであって、○○倫理、××倫理などといろいろあるわけはないと私は思います。人間に普遍的にあるはずの良識が普通に働くか、何らかの理由で働かないかの問題に帰することでしょう」

――お言葉の通りですね。ただ個人的にはそうであっても、団体の中に入ってしまうと、そこに違ったルールがまかり通ることになり易いのではないでしょうか。

「確かにそういうことはあると思います。周囲に影響されることは容易で、正しい影響を与えることは難しいですね。そういうところに良識が信念に、そして大聖人を範とする信仰に、そして仏子たる大自覚にまで高められねばならぬ理由が見出されると思います」

――なるほど。ところで現在は民主主義の時代ですが。

「英語のデモクラシーの訳が民主主義、または民主政府です。

一般に民主主義と言うと、『官民』という言葉もあるので、政府に対して民を主とする政治という風にとられ易いのですが、誤解です。

リンカーンの有名な民主主義の定義に、『人民の、人民のための、人民による政治（統治）』とある通り、政治は民と対立する性格のものではありません。ですから政治の権力というと、それが法律に基づく権力であっても、民主主義に反するもののように考えることは正しくないのです。

団体というものは大きくなればなるほど、規則（法律）によるコントロールが必要となりますが、それは秩序を保ち団体を運用していくためには止むを得ないことですから。

但し規制や法律に反して強制や権力が団体員や国民に加えられ、本来の目的である団体員や国民の利益を害さないよう、よく注視していかねばならないということになります。

また、この傾向とは正反対に、民主主義を行き過ぎという考えで心配する向きもあるかも知れません。

しかし、個人である君主が専制的に、つまり自由勝手に国家を支配するという政治形態から立憲君主制になり、またアメリカやフランスのように共和制に移っていった世界の政治の歴史が、人類の文化史的見地より見て、果たして進歩か、あるいは退歩かという問題ですね。

これについては詳しくお話しすることは省略させて頂きますが、今ヒントになる格言を思い出しました。『三人寄れば文殊の智慧』『一人のイギリス人はただの凡人だが、三人集まると大英帝国をつくる』などです。

ところで、ナチスのヒトラー、ファシズムのムッソリーニというような独裁者たちは、一時は勢力を振るいましたが、結局失敗し国民を大不幸に陥れたばかりでなく、世界を大戦争に巻き込み、人類大悲劇を招くことになったのです。日本の軍部も黄門様の印籠のように万能な統帥《とうすい》権を振りかざして、この大悲劇に重要な役を務めたことは、ご承知の通りです。

これらの結果として独裁的、反民主主義的体制は消滅し、世界の大部分の国が民主主義的法治国家、つまり民意を反映する法に基づいて政治を行う国家となっているのです。

仏典にも『法に依り、人に依らざれ』とあります」

——ところで仏法と法律は、共に法という字を使っていますが、何か共通点があるのでしょうか。

「在家信者のために決められた五つの戒律、すなわち、一．殺生　二．偸盗《ちゅうとう》（盗み）三．邪淫　四．妄語（嘘をつくこと）五．飲酒　の五戒ですが、刑法でも罪とされるのは、一．の殺生に当たる殺人、二．の盗み、です。

三．の邪淫はかつて女性のみ罪とされましたが、後に改正されました。また、五．の飲酒は、『未成年者飲酒禁止法』によって未成年者には禁じられています。

つまり殺すなかれ、盗むなかれ、の二つの戒めは仏法であると同時に法律であり、また倫理、道理でもあることは大変重要なことだと思います。

なお、第一の不殺生戒は出家に対する『十善戒』においても、その第一番目におかれていることは、仏教がいかに生命を大切にし、愛護する宗教であるかを物語っているのです」

——分かります。しかし不邪淫戒は仏法であり、同時に人間の守るべき道徳だと思いますが、なぜ刑法に以前規定があったのに削除されたのでしょうか。

「新憲法第十四条に次のように定められたので、そうなったのです。『すべて国民は、法の下に平等であつて、人種、信条、性別、社会的身分又は門地により、政治的、経済的又は社会的関係において、差別されない。』とあり、また、第二十四条二項の後半に、『法律は、個人の尊厳と両性の本質的平等に立脚して、制定されなければならない。』（傍点筆者）とあります。

旧憲法下の刑法では不邪淫戒は姦淫罪として、有夫の女性にのみ適用されたわけですが、右憲法の規定により、男性を罰せず女性の場合のみを罰することは、法の前の平等や両性の本質的平等に反するという理由で、この姦通罪は刑法より削除されたのです」

——なるほど。

「しかし忘れてはならないことは、刑法上は姦通という罪はなくなりましたが、女性に限らず男性も不邪淫の戒めは守るべき仏戒であると同時に、たとえ仏教徒でなくてもモラル、道徳として守らねばならぬことに変わりはないことです」

——それぞれ皆共通の基礎を持つ人間としての規範であるわけですね。

「その通りです。そして立正安国論に引用されていますが、仁王経というお経に仏戒によって法制をつくることが必要とあります。

その意味するところは、多くの方面に応用できるのですから、私たちは法律をよく理解し、その内容を良くしていくことが大切なわけで、私たちの参政権を活用する責任がそこにあります。

特に国家の基本的な法であり、他の法令の土台になる憲法は、私たちの生活に非常に大切な内容を定めていますから、どういう職業の人でも一度読んで大綱だけでも理解しておかねばならないと思います。そして批判すべき点は大いに批判する、また守るべき点は大いに主張すべきですよ」

――仏教徒の立場から特に大切と思われる点は、どういうことでしょうか。

「そのお話に入る前にですね、私の知り合いのBさんの話を聴いて下さい。

Bさんは結婚生活数年で最愛の奥さんが、不治ではないけれど相当難しい病気に冒されてしまったのです。そして専門医の治療を受けることになりましたが、奥さんの病気をよく説明してある素人向きの本がなかなか見つからないので、八重洲口前の大型書店に行きました。医学書は二階とのことなので、階段を上がっていくと、途中の壁に、その頃まだあまり知られていなかったマザー・テレサの紹介写真が、何枚も貼り付けてあったのです。そして、多くの病人の看護に献身する聖女の姿が、Bさんの眼に焼き付くように映ったのでした。

Bさんは思いました。

『まったく未知の人々の看護にさえ、これだけ献身している人がいる。私が看取るのはたった一人で、最愛の妻ではないか』と。そう思った時、今まで暗い気持ちに閉ざされていたBさんの心に、初めて一条の光明が差し込んで来ました。

Bさんの奥さんは、その後Bさんの熱心な看護と治療が奏効して全快したのでした。

そのBさんから私に贈られた小さな本、『マザー・テレサのことば―神さまへのおくりもの』（マザー・テレサ著、半田基子訳　女子パブロ会）の中に次のように書かれています。

『自分達が今していることは、大海の一滴にすぎないと思っています。けれど、もしその一滴がなかったら、大海もその一滴の分だけ少なくなってしまうでしょう。ものごとを大規模にやるという方法にわたしは不賛成です。

わたしにとって大切なのは、ひとりひとりです。ひとりの人を愛するようになるには、その人とほんとうに親しい間柄にならなければなりません。数が揃うまで待っていたら、数の中にその道を失ってしまい、もうそのひとりの人のための愛と尊敬を表すことは、決してできないでしょう。

わたしは一対一というやり方を信じています。どのひとりも、わたしにとってはキリストで、イエスはひとりだけですから、今という時に接しているそのひとりが、わたしにとって世界でただひとりしかいない人なのです。』（傍点筆者）」

――素晴らしい言葉ですね。

「これらの言葉は、なんと言うか、信仰のほんものの内面的体験――祈りと実践の両方を通じて、練り上げられ深められた愛の真の姿とでも形容するほかありません。

憲法の前文にある、『人間相互の関係を支配する崇高な理想』とか、第十一条の『基本的人権』、第十三条の『すべて国民は、個人として尊重される』、あるいは第二十四条の『個人の尊厳』等々、これらの個人についての重要な規定を真に理解しようとするならば、どうしても、この『ひとり』の意味する存在（実存）の重さを理解できなければならないと思います。

『ひとり』の重大性が認識されてこそ、家族の、国の、そして世界の重大性が次々に認識され、関連する恒久平和への念願が憲法の深遠な基調となっている意味も、真に私たち自身の存在の問題として理解されてくるわけなのです。

このことを仏教的に申しますと、一（ひとり）即一切（世界）、一切即一という縁起の教えとなり、法華経においては一念三千という大事な考え方になります。

要するに、今一番大切なことは、私たち国民のひとりひとりが、自己の尊厳性すなわち仏性に目覚め、智徳の向上に努め、自他共に幸せになることではないでしょうか。

そうなるように、国の体制としての憲法ができあがっており、宗教を始め思想や言論、その他の自由や権利が保障されていて、これらを不断の努力で保持し、かつ濫用せず、常に公共の福祉のために利用せねばならないとあります。（第十二条）」

――精進して向上に努め、また公衆の福祉のためにも貢献する必要があるのですね。

「精進は六波羅密《ろくはらみつ》（菩薩のための修行項目）、すなわち布施・持戒・忍辱・精進・禅定・智慧の一つですから、菩薩行ということになります」

――こうしてお話を聴いて参りましたら、憲法の真の理解のためには、仏教的な哲学が必要であることが分かってきました。

「日本の世界への開国がもっと早く、法華経思想の近代的適応がもっと進んでいたら、日本の歴史はよほど違った道を進んでいたかも知れません。しかし遅過ぎることはないのですから、宗祖大聖人の掲げられた立正安国、すなわち真理樹立と国土安穏の実現のため、『恒《つね》に一切のために平等に法を説く、一人のためにするが如く衆多も亦然《しか》なり』（薬草諭品）との経意を体していこうではありませんかか」

青年の皆さん、大いに見聞を広くし、大いに語り合い、自信を持って向上に励みましょう。

第二十信

経行回顧

寺院の年中行事の中で一番体力が必要なのはお盆のお棚経、つまりお経回りです。

黒衣をまとって酷暑の炎天下を歩くのはなかなか骨の折れることではありますが、また楽しいこともあります。

遊び場がなく、街角に集まっている子供たちが半ば好奇の目で、「やあお坊さんが来た」と叫んだり、母に手を引かれた幼児が可愛い声で、「お坊さん！」などと声をかけてくれた時、私も「ハーイ」と応えてやります。子供は一層の笑顔を返してくれますし、「どこへ行くの？」と聞く子もいます。子供の親もにこにこしています。

電車やバスに乗っても常に大衆と一緒です。車中の雰囲気も山の手と下町、旧都内と新興盛り場とでは異なります。

世の中が楽しくて仕方のないような若い男女もいれば、人生に疲れたような生気のない顔のオバサンやコワイ顔をした中年男もいます。そんな時、私は、努めて明るい顔をしようとします。少しでも笑顔の布施をしてあげたいからです。しかしそれほど努力しなくても、お経を上げて回る功徳か、私の表情は暗くはないはずです。さもなければ、明るい、楽しいことの好きな子供たちが親近感を持ってはくれまいと思うのです。

ある年のお盆に東上線の電車の中で、上京したばかりという就職希望の青年から声をかけられ、話し合ったこともあります。

しかし広い世間のことですから、少々緊張しなければならない時も、ないわけではありません。電車の中で在家教団の信者から論争を挑《いど》まれたり、電車賃を貸してくれと言われたこともありますが、その教団の弱点も知っているので、こちらが平静に応対していると拍子抜けしてしまうらしく、一件落着となります。

また小銭は上げることにしましたが、これとは反対に、高田馬場駅で自動販売機の前で切符を買おうとしていたら、中年の女性が急に寄ってきて、「お幾らの切符ですか? 私に買わせて下さい」と言われたのには驚きました。私はもう小銭を財布から出して手に持っていたので、「結構です」と断りました。これは後に人に聞いた話ですが、いわゆる水商売の人の一種の縁起担ぎでの行為のようでした。

さて、近頃は自家用車で檀家回りをする方も多いようですが、能率的ではあっても、このような見知らぬ世間の人々とのふれ合いは味わえないと思います。

近頃の交通ラッシュもひどいものですが、車の往来が激しくて、しかも信号機のない横断歩道でも、僧衣のお蔭で渡りかねた経験はあまりありません。評判の良くないトラックの運チャンが、まだ相当距離があるのに停車して手を振り、早く渡れと合図してくれたこともあります。

渡りかねた人たちがグループになっているところでは、私が合図の手を挙げながら先頭に立って渡り始めると、みんなゾロゾロと後についてきます。これが文字通りの「導師」かなと、内心微苦笑します。

近頃の消費ブームで、子供を連れたお母さんが建ち並ぶ商店のウインドーに気を取られて、激しく車の走る危険な道路の中央の側に、幼児を歩かせているのをよく見かけますが、これではせっかく手を引いてやっている意味がまったく分かりません。子供の事故死亡率が、各国に比較して大変高いと言いますが、心すべきことと痛感します。

思うに、細やかな愛情に基づく保育と賢明な躾《しつけ》をして下さる母親は、何者にも勝る宝ではないでしょうか。子宝という言葉があって母宝という言葉のないのは不思議だと思います。たとえば、甘いという味覚を一度も味わったことのない人に、甘いとはこうだと、どんなに言葉で説明しても分かるはずはなく、砂糖でも実際になめさせるほかないと同じように、生まれてから親の慈悲や愛情を知らずに成長した不幸な人たちには、仏様の慈悲を説いてもなかなか心からの納得は難しいことと思います。また、「子を持って知る親の恩」と言われるように、保育の恩愛こそ仏性の自覚への道となるに違いありません。

「この法華経は信じ難ければ、仏、人の子となり、父母となりなんとしてこそ信ぜさせ給うなれ」(国府入道尼殿御返事)

右の宗祖のご遺文を、私はそのように信解《しんげ》しています。

現代の社会では、男女が本質的に平等であることは公理と言ってもいいのですが、それは人格的平等の意味であって機能的同質ではありません。

女性の母としての機能には、男性の代わり得ない、特別の教育的かつ保育的作用のあることが忘れられてはなりません。

男性も子育てに協力すべしと言われるようになりましたが、その教育的効果は、特に幼児の場合には、母と同じというわけにはいかないことを認める必要があると思います。女性は母としての重要な役割を果たしつつ、同時に人格的成長に努め、その上、民法上の規定によれば、夫婦は相互に扶助し合わねばならないという責任さえ負わされていることを思うと、母子のための社会施設を大いに充実しなければならないと痛感します。

しかしながら、男女同権による女性の「解放」とは、女性の家族的、社会的責任を重くこそすれ、決して軽減したわけではないことも、はっきり理解されねばならないと思います。

権利には必ず義務が伴うからです。

「女は弱し、されど母は強し」とは昔のことです。女性も、母も強く、その上に賢明で、慈愛深くあることを、現代の社会は待望していると思います。

第二十一信

六万九千三百八十四個

実はこれは法華経に書かれてある文字の総計なのです。よくも数えたものですね。

このお経は全部で八巻におさめられていますが、一体どういうことを教えているのでしょうか。

毎日のように悲惨な事件が報道されている末世も超末世のような現在こそ「法

華経がその真価を発揮すべき時なのである」と、日蓮上人が今日生きておられたら、主張なされるでしょう。

現代人の多くは、今あふれる情報と社会的刺激の海の中で、自分自身を失いかけているため、いざという時、自信を持って決断し行動することができず、付和雷同的になると言われています。もしもそれが真実なら、多数決による現在の政治も、正しい路線を進むことはできなくなります。

法華経の中で、釈尊は自ら衆生（人々）の親であり、よく救護を下さると宣言され、また日蓮上人は、この仏様の本質すなわち仏性は、私たち衆生の胸中すなわち心の中に実在すると教えられました。

そういうことが可能であるわけは、仏様のご住所がはるか遠い別の世界ではなく、この私たちと同じ娑婆《しゃば》世界であると説かれているからであります。

キリスト教もイスラム教も、神人懸隔《けんかく》教といって人間が神になるなどということは絶対にできませんし、神様のお像を造ることも許されません。

法華経の仏様は法身《ほっしん》（真理体）の仏様ですから、先のような教示を永遠の昔より無限の未来に向かって、世界の人類にお呼びかけになっておられるのです。

仏様は、私たちは仏の子であると言われます。世界の宗教を見渡しても、これほどの賞賛を下さる教主が他におられるでしょうか。

そこで日蓮上人はこう言われたのです。

「法華経は正《まさ》しき（教理）ことはわずかなり。褒《ほ》めることこそ多く候え」と。

つまり、本来悟りを得られる本性を持っているのに、それを見失って悩んでいる人を褒めたたえて、その本性を自覚させようとすることに重点がおかれているとの意味です。

さて、「若い時の苦労は買ってもせよ」と昔の人は申しましたが、苦労に負けて駄目になる人と、希望を失わず苦労をバネにして進んで行く人があります。その違いはどこにあるのでしょうか。

それは自信があるか、あるいはないかの違いです。自分自身を始め人間そのものへの信頼を失わない人は、幸福への道を切り開いていけるのだと思います。

法華経の教えと仏様の大慈悲を心より信ずる行《ぎょう》、すなわち実行としてお題目を唱えることに精進するならば、仏様はお喜びになりお褒めになるので、その人はますます勇気を持って精進することができて、仏道すなわち人間完成を成就すると説かれてあります。（第十一章見宝塔品）

ところで、私は若い時に社会奉仕の保護司を頼まれて長く務め、自慢ではないのですが相当の成果を挙げることができました。

その秘訣といえば、過去の非行は問わないことです。自責の心をまったく持たない青少年はいないのです。そして、それが心の傷になっているので、そっとしておいてやるのです。

次に観音経にあるように、慈眼をもって相手を見ることです。

「君の失敗はひと時の迷いで、ほんとうは善良な君なのだよ」と眼に語らせるのです。これで、それまで悪口や非難ばかり聞かされて自暴自棄的心境の少年の、大人のお説教にうんざりしていた心に変化が生じてきます。他人からの信頼が自分への信頼、すなわち自信となります。

こうなれば自力更正への道は近くなります。今、教育への再生とやらが叫ばれるほど学校教育の危機が問題化していますが、昭和の初め、私が中学に入学した時の体験をお話ししましょう。

校長は当時名校長と言われた伊藤長七先生でしたが、入学早々の一年生たちを前にしてこう言われたのです。

「本校には別に校則というものはない。君たち生徒が校則である。私は君たちを皆一人前の紳士として扱うからそのつもりで、何が良いことか悪いことかの判断は自分でして間違いないようにしてくれ給え」と。

小学校を出たばかりの私たち生徒は、急に一人前の紳士と言われて驚きましたが、校長先生からそんなに信頼されているのかと思うと、急に身が引き締まる思いがして、立派な本校生徒にならなければならないという重い責任を感じました。こうして養われた自治、自主の精神が、長い間私の心の柱となったことを今でも感謝しております。

第二十二信

塔を建てる心

一九七六年（昭和五一年）の春の頃、宗門の布教師会で研修のための講師の人選について、役員の各師と共に構想を錬っていました。

ところが、作家の幸田文さんが奈良の法輪寺という寺院の三重の塔をまったく独力で建立したことが新聞に報道されたので、その塔を建てるに至った動機や経過について、何とか話してもらえないだろうかという考えが、ふと私の心に浮かんだのです。

そこで、早速その案を役員会で出したところ、日暮里本行寺住職の加茂師曰く、

「谷中の五重塔（幸田露伴の小説のモデル）が焼けた時、近かったので私はすぐに現場に駆けつけたのですが、私の近くに幸田文さんが立っていて、炎に包まれ激しく燃え上がる五重塔を茫然と見つめていました」

この話を聞いた私は、絶対にこの講師で、このテーマで話してもらおうと心に決め、各師の賛成も得て決定したのです。

幸田さんへの講演依頼の交渉は私に一任され、早速、往訪の都合を聞くために電話をかけました。そして、用件を尋ねられた幸田さんに講話の件を話したところ、まったく無造作に、「それなら承知いたしました」と快諾を得ることができたのです。

ところで、残念ながら幸田露伴の名作とされている『五重塔』という小説を私

は読んでいませんでした。前進座が劇化したのを観た程度です。『広辞苑』によれば、「明治二十四年に発表されたもので、名人肌の大工が親方と争って谷中感応寺（現在の天王寺）の五重塔を建立した、その技量と若心を描写した小説」とあります。

さて、幸田さんの講話は流れる水のように少しも淀《よど》みなく進み、そのままで美事な文章になる内容でした。

小説の主人公である名人気質《かたぎ》の大工が、自分の満足するような工事の完成に注ぐ情熱が読者の共感を呼び起こし、幸田さんによれば、小説も売れ劇化も度々あり、上演料も印税もこの作品が他に抽《ぬき》ん出ていたそうです。

このように貴重な父の遺産である作品の大切なモデルで、重要文化財の五重塔が、深夜に男女の心中の巻き添えという浅ましい人間共の業火《ごうか》の犠牲になるのを、知らせによって寝巻きのまま現場に駆けつけ、眼前に見た文さんの心中は、察するに余りがあります。父の露伴の大切な形見とも言えるものが奪われたも同様だからです。

それで何とか塔を再建したい、胸中のエアポケットのようなものをなくしたいと、自分には何の責任もないこの不祥事を、我がことのように精神的負担に思っていた時、次のような耳よりな話を聞いたのです。

奈良の法輪寺という寺院で三重の塔の建立を計画しましたが、予算不足で中止となったというのです。そこで早速奈良に出かけて、その塔の建立事業という難事業に取り組むことになりました。

住職の了承を得た後は、まず建築許可の申請です。しかし、役所の係員は容易には事情が呑み込めませんでした。

「貴女はこのお寺の何ですか。檀家ですか。信徒ですか。知人ですか」

「何でもありません。ただこのお寺の塔を建てさせて頂きたいのです」

そう答えても直ぐには信用されませんでした。しかしそれは無理もないことです。巨額な費用が必要な建築事業の許可申請を、寺院とは特別な関係の一切ない一婦人が申し出ているのですから。

私は彼女のこの一途な態度に、どこか江戸っ子気質を感じてなりませんでした。男だったら一肌脱がして頂きましょうというところでしょう。

哲学者の梅原猛氏は、「幸田露伴、夏目漱石、樋口一葉など、明治初期の日本文学の旗手たちは、いずれもれっきとした江戸っ子であった」と言われます。やはり彼女も父君の江戸っ子気質を受け継いだところがあるのでしょう。しかしこの場合は、梅原氏の言う、「反権力、反金力の江戸っ子気質」ではなく、愚かな人間たちの業苦への抵抗精神《レジスタンス》であったのだと思います。法輪寺の木造の三重の塔は、熟練の宮大工の技術によって立派に完成されたのですが、名人と言われる人々の工事についての数々の苦心の有り様を手に取るように述べて、その細かい観察は驚くほどでした。

閨秀作家は名工をも知るということでしょう。

〈閑話休題〉谷中の五重塔を再建しようという運動は以前からくすぶり続けていましたが、最近、署名運動となって地元の家々に回ってきたのです。

元来、五重塔は寺院に附属する建物ですから、谷中の天王寺（旧感応寺）の仏塔として管理されていましたが、同寺の都合で当時の東京市に管理を委任したので、火災の起きた時は東京市の管理下にあったわけです。市当局は塔にみだりに進入できぬよう柵を設けていましたが、破れた所からでも心中の男女は入り込んだのでしょう。

奈良の法輪寺では建築用の木材はすでに用意してあったので良かったのですが、まったく初めからの工事では莫大な費用が必要となるでしょう。

完成したとしても誰が管理の責任者となるのか、天王寺か都かも分かっていません。

目的は観光資源にしたいのでしょうが、周囲の広大な墓地の参詣者以外に一般の人々の集まるのは、春の花見時だけであるのが現況です。

本来ここの五重塔は、日蓮宗の不受不施派の厳しい信仰の拠点としての意義を持ち、最上階には法華経二十八品が格護されていたのです。

その建立の由来とあまり関係のない目的では、今度の運動に熱意を感じる人は少ないと思われます。

再建するのであれば、その趣旨を明瞭にしなければならないように思います。

第二十三信

私の得た人生訓

▼第一条　善因があれば善果を生じ、悪因あれば悪果を生ず▲

これに、因を助ける縁と果を広げる報が加わって、善悪共に因縁果報となります。

これは仏教の根本思想である縁起の法から出てくる仏教倫理です。

やさしく言えば、良いことをすれば良い報《むく》いがあり、悪いことをすれば悪い報いがある、ということです。

昔は寺院に地獄と極楽の絵がかけてあって、人々に勧善懲悪の教えを普及していましたが、現代の科学的合理主義の精神とは相容《い》れなくなってしまいました。

しかし、現代人が決して忘れてはならないことは、因果の法を除外すれば科学自体も成り立たないということです。

「過去の因を知らんと欲せば、現在の果を見よ。未来の果を知らんと欲せば、現在の因を見よ」

つまり、自業《ごう》（行動と言葉と心）自得で、自業の責任や結果は自分に帰せられるという当然なことですが、合理主義を信奉する現代人に、このような認識を欠いた事件が多発するのは、どうしたわけでしょう。

ところで世間には、善事をたくさんしたと思われる人であるのに、あまり恵まれず終わることがあるのはどういうわけでしょう。法句経は次のように説明しています。その善果がまだ熟していないためであると。

しかし善業による善果の熟、未熟にかかわらず、善業を行うことは、また大切な布施行として実行する必要があり、仏教徒の勤めなのです。さて、自業自得の自業は、個人の行為の場合ですが、共業《くごう》は世間の人々が共にする行為です。そこで世間業または社会業とも言えるわけです。個人業も集まって共業となり、世間に大きな影響を与えることになるので、個人にも社会的責任があるわけです。ましてや今日見られる大組織や大機関においては、なおさら重い社会的責任を負う必要があると思います。

日蓮上人の幕府（国家）諫暁《かんぎょう》は、国家という大きな組織の社会的責任を糾明しているのである、と解釈できるでしょう。なぜならば、国家という場合、その中に生活している人々、国民がスポッと抜けていたのでは、それは形骸の国家です。英語でネーションとは、国家と国民の両方を意味することに注目しましょう。日蓮上人の遺訓に、「世を安んじ、国を安ずるを忠となし、孝となす」とありますが、ここで世とは世間、つまり社会です。その中に生活している人々のことを意味しているのです。

立正安国論における、「国主法従」か、「法主国従」かの対立する議論も、国とは何かの視点が明確にならないと、それは不毛に終わることになるでしょう。

さて今、大問題になっている地球温暖化現象は、人類の経済活動を原因とする結果であることに間違いないと思われます。

今こそ世界の各国、特に大国が、国家エゴイズムを捨て、また各宗教が盲信的対立を超越し、戦闘を中止して協力一致し、人類を育ててくれた恩深き地球の再生のため、最善の努力をすべきであります。

▼第二条　護憲は慰霊の善業である▲

国の内外に関係なく、戦争による犠牲者の慰霊は宗教者の責務です。しかば、まず何をなすべきでしょう。答えは明瞭です。犠牲者の遺志を尊重し、その実現に努力することです。その遺志とは、大量殺人である戦争を二度と繰り返すなということ以外に何があるでしょうか。

殺生は、仏教においては十悪業の第一とされているのです。この一点だけでも仏教は、世界の大宗教の中でもっとも優れた地位にあると思います。私は常に説教の中で、平和憲法を尊重し（第二章九条）、戦争に反対すべきことを説いてきたつもりです。

「汝殺すなかれ、殺されるなかれ、人類と地球を滅亡させるなかれ」

これは現代世界における各宗教の相違を超越した根本的、かつ普遍的戒律でなければなりません。

〈附記〉最近、月より撮影された地球の姿を見ましたが、宇宙的規模で眺めれば、何と小さな、玩具のような丸い玉であることか。あの上で何十億の人類が皆円満に暮らしていれば良いけれど、一体何を信じ、何を思って、殺し合い、傷つけ合う人々がいるのかと、暗然とした気持ちになったのです。因果律を否定する絶対の存在があるとすれば、それは一体いかなる存在なのでしょうか。

▼第三条　忍耐第一▲

この世は仏様の教えられる通り、忍土（サハー・娑婆）すなわち忍耐する所に違いありません。いわゆる四苦八苦があり、やせ我慢では持ちこたえられません。

四苦とは生老病死で、それに愛別離苦（愛する者と別れる苦痛）、怨憎会苦《おんぞうえく》（うらみ憎む者とも会う苦しみ）、求不得苦《ぐふとくく》（求めても得られない苦痛）、五陰盛苦《ごおんじょうく》（心身に受ける苦痛）の四苦が加わって八苦となります。

人は誰しも幸福のプラスを求めますが、苦しみのマイナスをまず少なくするか、なくしてゆかなければ安定した幸せは得られません。しかし、このように実行することは、とても難しく思えて、初めからやる気が出てこないことでしょう。

私も幸い長寿を頂いた長い人生で、四苦八苦も相当に味わうことになりましたが、その人生苦に直面しつつ、マイナス人生をプラス人生に転換された仏様の鼓舞激励のお蔭で、大過なく今日まで来ることができたと思います。

私が苦痛に感じた第一は、自分にはまったく責任がない理由で差別されたり、軽蔑されたりすることでした。それで、

「我等仏を敬信して、當《まさ》に忍辱《にんにく》の鎧《よろい》を著《き》るべし、是の経を説かんが為の故に、此の諸《もろもろ》の難事を忍ばん」

この法華経勧持品の経文こそ、何ものにも代え難い私のお守りであって、常々

仏前で唱えて自戒し、また加被《かび》を祈ったのです。

▼第四条　よく考える▲

「われ思考す、ゆえにわれ存在す」

これは近世哲学の祖と言われる、フランスの哲学者デカルトの言葉ですが、よく考えるということは、冷静とか、沈着にも関連する資質です。

またイギリスの格言に、「待て、そして考えよ」(Wait and see) というのがあります。

日本の格言はどうでしょうか。「下手な考え休むに似たり」「早飯早○芸の内」「急がば回れ」などがあります。こうして見てくると、どうも我が国では早いということの方に重きがおかれているような気がします。新幹線のような超快速列車は、日本が世界で初めて作りました。幕末に日本が開国した時、欧米先進国との文明の程度の差があまりにも大きかったので、早く先進国に追いつかねばならないとの焦《あせ》りが、そうさせたのかも知れません。

また、地震や台風、噴火など、自然災害が多いので、外的刺激への反応が鋭敏、迅速であるという説があります。

あの北海道奥尻島の地震による大津波の時など、避難するのが、たった五分早いか遅いかが生死を分けたことは、たしかに事実でしょう。

しかし、もっと複雑な事情が隠れているような外部からの刺激で、迅速な反応に危険を感じる場合は、冷静で慎重な考察を加える必要があります。

戦時中の話ですが、敵を誘い出して勝負を決しようとして計画する刺激的作戦のことを陽動作戦と言いました。そして、一九四二年（昭和十七年）四月のアメリカ空軍ドーリットルの日本本土初空襲はまさにそれであったと戦後批判されました。

日本海軍はその陽動作戦にひっかかって、海図にも出ていない情況不明の孤島ミッドウェーの攻略をめざし、しかも敵空母艦隊の位置も未確認のまま、太平洋に大艦隊を出動させて大敗北となったのです。

ミッドウェー島と敵空母と、一度に二方向の敵を相手に戦う、いわゆる二面作戦の危険は、絶対に避けねばならないとする慎重な考慮を欠いたことが、致命的な打撃となりました。

アメリカの高校で、先生が生徒に、「このことを君はどう思うか」と質問しているのをテレビで見ました。またイギリスでは、なぜ（why）と考えさせる教育を重んじているそうですが、哲学教育のあるフランスでも同様でしょう。

日本でも家庭と学校の両方で、「考える」という教育をもっと重要に考えて、実施しなければ、読解力の低水準を改善できないと思います。

今、社会を騒がせている多くの不正や犯罪の原因の根本には、全般的な思考力の欠如があるのでしょう。それは、善因――善果、悪因――悪果、という簡単な因果律さえ忘却した結果と言えます。

▼第五条　孝行について▲

昔は、孝は百行の基《もと》と言われ、人の行うべき行為の第一番目に当たる、とされていましたが、現在ではすっかり影が薄くなってしまいました。

学校の道徳の時間ではまったく教えないのかも知れません。やはり君に忠に、父母に孝にとの、教育勅語的モラルが否定されたためでしょう。しかし漢和辞典を引いてみると、忠とは、第一義として「まめやか」「まこと」とあり、「君主や国家にまことをつくす」は第二義になっています。それゆえ忠孝といえば、「親にまことをつくす」という意味にもとれるわけです。

「忠言」は真心《まごころ》をもって言う言葉で「忠告」は真心からする意見です。

ところが、民主主義の世となり、教育勅語が失効（国会で議決）したため、「忠」の道連れの形で「孝」もあたかも失効したように国民一般から受け取られてしまいました。

昔からの倫理や道徳というものが、いかに戦争に負けたからといって、そう簡単になくなってはならないことは、よく考えてみれば納得できるはずなのですが、民法の改正によって親の扶養義務者が複数あることが多く、必ずしも特定されていないことや、戸籍が夫婦単位になったことなども、現在の世情をもたらした原因になっているようです。

さて、「孝行をしたい時には親はなし」とはまことにその通りで、わたしなども、もはや追善回向《えこう》に努めるほかない身ですが、その一例として言えることは、親は常に子の幸せを願って下さる存在ですから、自分が幸せになることは親をも喜ばせることになり、孝行になると思います。このことは親の生前でも没後でも同様です。私も仏僧として菩提に励み幸せになろうと思います。

よく父と母とに仕うるはよく
妻や子をいつくしみ養うはよく
ただしき生業《なりわい》にはげむはよい
これが人間の最上の幸福である
(『仏教百話』 増谷文雄 筑摩書房)

▼第六条 ドラマに学ぶ▲

私の両親は二人とも芝居好きでした。父の方は日蓮宗でも相当高名な布教家であり、いわゆる高座説教の全盛時代でしたので、参考にするためでしょう、上野にあった本牧亭という講談席までも出かけたものです。

講座説教の全盛時代でも特に高名であった塩出孝順師が、一席終わったあとで、講談師の大島伯鶴が清興として演ずることになっていましたが、「あのような素晴らしいお説教のあとでは、私もやり辛くて困る」と言ったといいます。おそらく昭和初期頃のことでしょう。

私の子供の頃、映画は活動写真と言って、もちろん白黒の無声映画でせりふはドラマの合間に映されましたが、弁士が適当にアドリブを入れながら語ってくれるのでよく分かり、普通の会話なら子供にも理解できて楽しめたのです。この頃の映画館で自慢できることとしては、映画の伴奏に生《なま》の楽団《バンド》がついたことです。楽団といっても、せいぜいピアノ、バイオリン、クラリネット、映画によっては、それにドラム、カスタネットなどで、時代劇の場合は三味線、太鼓が加わりました。これらはたとえ三流の映画館でも揃っていたと思います。

夕食が済むと、私と姉が母に連れられて近くの映画館に行ったことを、今でも覚えていますが、その頃の映画館の設備は今の人たちが想像もつかないほど貧弱でした。特に冬は寒くて相当な我慢が必要でした。なにしろ暖房といっても、一メートル四方の大型火鉢が所々に置いてあるだけで、映画の終わる頃は大抵は燃え尽きて灰だけになっていることが多かったからです。

しかしテレビもラジオもない時代で、映画が唯一の一般世人の娯楽でしたから、寒さもトイレの臭気もそれほど気にならなかったはずです。とにかく伴奏の音楽がライブコンサートで、説明の「活弁」の先生が上手であれば、大人も子供も、白いエプロンをかけたオバサンから買ったアンパンやラムネ、キャラメル、のしいか、などを賞味しつつ、クレオパトラの大ロマンスや、ハリケン・ハッチの活劇から、阪妻（阪東妻三郎）の大立ち回りに至るまで、拍手喝采を惜しまなかったのです。

阪妻といえば、彼が初めて映画に出た、「心中きらら坂」という時代劇を、千駄木の「芙蓉《ふよう》館」という洒落《しゃれ》た名前の館で観たのを覚えています。そこで映画を観た後、冬など身体が冷えきっていましたが、その映画館の前に小さな甘酒屋が夜遅くとも店を開けていて、母子三人そこで熱い甘酒を飲み、身体を温め、生き返ったような気分になったことなど懐かしい思い出です。

ところで芝居の方もよく連れていかれました。

初めの頃は歌舞伎で、新国劇は沢田正二郎の頃です。前者についてはあまり幼かったのでほとんど記憶にありませんが、座席がみな升席《ますせき》で、出方《でかた》という法被《はっぴ》に股引《ももひき》という粋な格好の人たちが、板を渡した狭い通路の上を巧みに歩きながら、升席の客たちへ幕の内弁当などの料理や燗酒《かんざけ》を運ぶ光景は今でも覚えています。

新国劇は男の芝居と言われ、今とは反対に男性客が多く、キリスト、坂本龍馬、中江兆民《なかえちょうみん》など、難しい役にも独特の優れた演技を見せ、仕事に行き詰まったら沢正の芝居を観れば再び元気とやる気が出るとさえ言われたといいます。

因《ちな》みに中江兆民とは、東洋のルソーと称された学者であり思想運動家でした。

幼児であった私の記憶にも、月形半平太と国定忠治の各一シーンがおぼろげながら残っています。成長し学生になってからも、芝居、映画、小説など、これはと思ったものは観賞し味読しました。もしも私の人生からドラマ的なものを差し引いたとしたら、随分索漠とした人生になっていたでしょう。

ドラマに親しんで良かったと思うことに、自分の人生を一場のドラマとして客観視できるようになったことがあります。それは、せっかく生まれてきたからには終幕まで見なければつまらないではないか、という一種の打算でもあります。

そして、自分一人では到底体験しきれない多くの人生を、俳優が代わって演じてみせてくれます。ストーリーや演技が優れていれば、まったく身につまされます。自分自身が劇中の人物になりきって喜怒哀楽を共有する、いわゆる感情移入です。人間性や、人の世への偏向していない理解力や包容力は、こうして養われるのではないでしょうか。一言で言えば、人間の幅が広がるのです。ドラマの中にはいろいろな役があって、それを役者が演じるのですが、役自体がえらいのではなくて、その役を役者がいかに演じるかが評価の対象となるのです。

実人生においても同じことで、肩書きがいかにたいそうでも実質が伴わなければば何にもなりません。そのところがよく分からない人々が、近頃、多くなっているような気がするのです。

▼第七条　自他の人格の平等を認識し尊重する▲

先頃、『国家の品格』という本が出版されてベストセラーになり、次いで『女性の品格』が出て、これも版を重ねているようです。

品格と人格はどう違うのでしょうか。

辞書を引いてみたら、

人格――人柄、品性、道徳的行為の主体としての個人

品格――気品、品位

などと区別されていましたが、人格は内面、精神面が着目され、品格はどちら

かといえば人間の外面、日常的行為が、重点となっているように思います。

したがって、人格といえば人格の価値、それを守る権利の意味となり、人格の無視は、人権の無視と同じことになりますが、品格の無視とは言いませんし、人権とは直接に関係しません。

人格は人間の精神的、道徳的主体としての個人であるからこそ、その生命が「万物の霊長」として尊重されます。

また、こうも言えるのではないでしょうか。

人格は人間の精神的基礎構造、すなわち土台であり、品格はその上に築かれる上部構造です。人格が否定されるなら品格も有り得ませんが、品格がゼロであっても、人格は成立し得ます。たとえ罪人《つみびと》であっても、神の前では人格としては平等の存在なのです。

また「一切衆生悉有仏性」を説く仏教は、仏性を有する人格を人間に平等に認めています。

しかし、武家政治、特に徳川幕府政治は仏教の布教を著しく制限し、階級制度の厳守を政策としましたので、篤信者以外には平等な人格観念などを普及する余地などまったくなかったでしょう。「自由」も明治になって造語されたといいますから、「人格」も新しい観念としてつくられたのでしょう。

明治政府は近代的中央集権国家の確立を急ぐあまり、仏教を弾圧する一方で、個人の人格的自覚をうながす思潮を、国家重点主義に転換させようと試みたと思われます。その結果として個人は「忠君愛国者」でなければ、特に戦時においては、存在理由を認められなかったのです。

こうした個人の人格無視の傾向が、もっとも明瞭に、過激に表れたのは軍隊でした。

兵隊は一銭五厘の切手の召集令状で集められる消耗品で、武器や軍馬の方が大切だと、上官から言われたものです。そして軍歌にあるように、「散兵線の華《はな》と散る」のが軍人の本懐とされました。

日本陸軍が、近代的装備と組織をもつソ連軍と初めて戦い敗れた、ノモンハン事変の戦記には、次のように書かれています。

「ソ連軍の指導者と日本軍のそれとは、戦闘の考え方が根本的に異なっていた。ソ連軍は兵士の生命を重んじて戦果をあげるよう戦闘を組織していたのに対し、日本軍は兵士の生命を鴻毛《こうもう》の軽きにおくことを少しも疑うことはなかった。」

「戦車がなくても、大砲が足りなくても、兵隊は戦争をする。すべて兵隊の血と肉で不足を補うことが、『帝国陸軍』に於ては少しも問題にされなかった。」

「勇敢に戦うことを要求された前線将兵は、その要求には充分応えたといえる。砲弾、砲、飲料水、食糧、戦車、援護戦闘機、何れも足りない、ないない尽くしのなかで兵達は戦い続けた。ノモンハン然り、ガダルカナルも、ニューギニアも、そうであった。」

「軍隊の指揮官は、必要とあれば部下を躊躇《ちゅうちょ》することなく死地に投じなければならないが、反面、指揮官は可能な限り部下の生命の保全をはかる義務がある。この義務を怠った指揮官が如何に多かったことか。そのため軍旗はためく下に如何に多くの兵士が戦死しなければならなかったことか。」（『ノモンハン』五味川純平　文藝春秋）

第二次大戦末期、日本の敗戦はいかなる手段をもってしても百パーセント歴然としていたにもかかわらず、あえて特攻作戦を行ったことは、将来有為の多くの青年たちをむなしく戦死せしめたと言わなければなりません。

連合国の軍隊にも、映画などに出てくるように、非常に危険な作戦を命令されることが相当に実在したようですが、生還の見込みがまったくない特攻的決死隊のごとき作戦は有り得なかったと言います。軍隊においても、生物学的生命にプラスされる精神的人格価値が認められていた証左でしょう。

この相違はどこから生じたのでしょうか。簡単に言うならば、彼らの政治体制は、共和制にしてもまた立憲君主制であっても、基本的人権の尊重を絶対に必要とする伝統的な民主主義が、戦時といえども、統治者はもちろん一般国民の生命観を正しく保持させていたと言えるでしょう。

さて、もはや戦後ではないと言われてからも長い年月が流れた現在ですが、我が国の現況はどうでしょうか。前述のように、「品格」を説いた本がベストセラーになりましたが、品格を支える基礎である人格を重視する観念は、重要視され進歩を遂げているのでしょうか。答えは残念ながら否というほかはありません。

我が国の毎年の自殺者は三万人を越えると言います。なぜでしょう。それは言うまでもなく、生きていても、生きるに値する幸福を見出せないからでしょう。若い男女の集団自殺には、特にこの理由が多いようです。

世界の各国民に対する生きる幸福感の調査によると、日本人は百七十八の国中九十番の順位であるといいます。フィリピンやブータンのような経済的にはるかに貧しい国々の人々が、日本人よりも幸福感では上位にあるといいます。

『生きる意味』（岩波書店）の著者上田紀行氏は、「人間をモノとしか見ない市場主義と格差の進展は日本社会に壊滅的打撃をもたらす」と主張しています。確かに今日までの経済は跛行《はこう》的発展だったと言えるでしょうが、問題は経済的要因のみにとどまらないと思います。

むしろ政治的要因の方がより重要でしょう。

「自殺問題まで政治の責任にされてはかなわない」と公言したのは一時人気のあった首相です。一口に国利民福と言いますが、民福を離れて国利だけが一人歩きできるとでも、この政治家は考えているのでしょうか。

「アメリカの占領政策と押しつけ憲法は、日本を分割し弱体化するのが目的だった」

これは自民党の憲法調査会のリーダーの言葉です。

もともと、同党は結成の最初から憲法改正を綱領としたのですが、そもそもいかなる原因で大日本帝国が無謀な大戦争をし、自国はもちろん各国にも未曾有の生命及び財産への損失を与えることになったのでしょう。その明白な原因の認識と深刻な反省の下に、新憲法が国民の心からの支持を受けて制定されたのです。

無謀な大戦を起こした明白な、しかも基本的な原因としては、ノモンハン戦記に記されているように、戦力としての兵の生命さえも重大に考えず、まして一般国民の自由や人権など旧憲法の下ではまったく軽視されて、法律によればいつでも制限または否定できた日本が非民主主義的体制であったことを忘れてはなりません。

憲法が第九条の存在によって平和憲法と呼ばれ、それが骨格をなしている意味は、戦争こそ最大の、基本的人権の破壊力であるからです。

この憲法によって、日本は初めて世界の民主主義国家群の仲間入りができたのであるのに、自民党は前述のごとく結成の初めから憲法の改正（悪）を綱領に掲げました。

そのアウトラインは、

（一）義務の規定が少ない。
（二）利己主義を改革する。
（三）公共に仕える心を養う。
（四）伝統文化の尊重。
（五）押しつけでない自主的憲法に改める。

右の（一）について言えば、そもそも、権利というものには何らかの義務が必ず付随することになるのが通例です。

第三章の「国民の権利及び義務」の始めの第十一条には、「国民は、すべての基本的人権の享有を妨げられない。」とありますが、この規定は国家といえども国民の基本的人権の享有を妨げてはならないとの義務を定めると同時に、国民自らも自分以外の国民の基本的人権を妨げてはならないという義務を定めていることを忘れてはなりません。

次の第十二条は、「憲法が国民に保障する自由及び権利は、国民の不断の努力によつて、これを保持しなければならない。」と国民の義務を明言しています。それゆえ公務員を選定（第十五条）することも権利であると同時に、義務でなければなりません。第十三条の「国民は、個人として尊重」を始め、諸権利も国家が尊重せねばならない義務と同時に、国民自身も相互に尊重しなくてはならない義務を含んでいることは当然です。

この他、国民の権利の規定についてはみな義務がともなっているので、義務の定めが少ないという批判は、まったく認識不足と言うほかありません。特に第九十九条は、すべての公務員の、憲法尊重と擁護の義務を定めていますが、特に公務員を指定しているのは、公務員が天皇の他は国家権力に深く関係しているので、憲法への違反を犯し易いからです。

憲法の前文の最後のところに左記の通り記されています。

「われらは、全世界《にほん》の国民が、ひとしく恐怖と欠乏から免かれ、平和のうちに生存する権利を有することを確認する。
われらは、いづれの国家《にほんじん》も、自国《じぶん》のことのみに専念して他国《たにん》を無視してはならないのであつて、政治道徳《モラル》の法則は、普遍的なものであり、〈略〉」（カッコ書き筆者）

右の文章は、カッコ内のわき書きのように読み替えることも正当にできるのであって、他人の人権を尊重する義務は普遍的な道徳であることを知らなければなりません。

特に第十一条が、「国民はすべての基本的人権の享有を妨げられず、現在のみならず、将来も侵すことはできない永久の権利である」（傍点筆者）と定めていることには重大な意味が含まれています。

なぜならば、基本的とか永久とかの重大性を示す形容詞のついた人権とは、人類に先験的にそなわる理性に基づく自然法によって、人類がおのずから保持する権利、すなわち自然権であるという思想に依拠しているからです。自然権はまた、人間自然の本性にかなった権利ですから、国家さえもこれを侵すことはできないとされます。明治の自由民権運動では、「天賦人権」と訳されました。「天」とは「神の理性の法」の意訳でしょう。

（二）から（五）は次のとおりです。

（二）憲法の理念は、前述のごとく個人の人格及びその尊厳（第二十四条）を、相互に守るべきことを定めているのであって、利己主義の否定です。
（三）公共の意味を明白にしなくてはなりません。公共を「現体制」ではなく、広く公衆の意味に理解しなくてはなりません。
（四）伝統文化の尊重は、直接憲法に関係ないので省略します。
（五）敗戦の結果として押しつけられた憲法だから、改正しなくてはならない、というのは自主憲法論です。では、どうして無謀な戦争を自主的にしかけたのでしょう。まさしく自業自得と言わなければなりません。しかし、自得したものが平和と人権を保障する民主主義国家であったのですから、これこそ禍《わざわい》転じて福となったのです。

一八六八年（慶応四年）、明治天皇が文武百官を前にして天地神明に誓った、五箇条の御誓文の中の第四条に、「旧来の陋習《ろうしゅう》を破り天地の公道に基づくべし」とあります。「陋」とは「劣悪な」の意味です。

これは、明治維新に際し、武力に訴えることなく、「広く会議を興《おこ》し万機公論に決すべし」（第一条）の条項と共に、公議政体論者たちが、新政権の基本方針とした注目すべき条項です。

この第四条の「天地の公道」の天地とは大自然であり、公道とは世間の人々の歩むべき道筋、すなわち法でしょう。それゆえ、「天地の公道」の意味するところは、自然法ということになります。つまり永久的、基本的人権、すなわち自然権の理念がすでに五箇条の御誓文に内包されていると理解できるのです。

この御誓文起草までの道を拓いた坂本龍馬、西周《にしあまね》、津田真道《まみち》らの夢見た真の民主的議会政治は、藩閥政府の武断政治に続く、帝国主義、軍国主義の下に本領を発揮できませんでしたが、今日こそ新憲法が国際化時代の日本を導くと共に、真の国利民福を増進する民主主義政治の不動の根底として威力を発揮していかなければなりません。

二十一世紀の現代に人類が直面しつつある世界的、地球的規模の危機に対処するために、「破るべき旧来の陋習」とは何か、これこそ現在にもっとも緊急な人類への課題でしょう。

秋山泰雅（あきやま　たいが）
妙情寺院首。

つれづれ通信《つうしん》

二〇一〇年六月二十一日　第一刷発行

定価はカバーに表示してあります

著　者　秋山《あきやま》泰雅《たいが》

発行者　平谷茂政

発行所　東洋出版株式会社

〒112-0014　東京都文京区関口1-23-6

電話　03-5261-1004（代）

振替　00110-2-175030

http://www.toyo-shuppan.com/

印　刷　モリモト印刷株式会社

製　本　高地製本所

 ISBN978-4-8096-7626-0

許可なく複製転載すること、または部分的にもコピーすることを禁じます。

乱丁・落丁の場合ですが、御面倒ですが、小社まで御送付下さい。

送料小社負担にてお取り替えいたします。